Studien- und Forschungsführer Künstliche Intelligenz

Herausgegeben von
Wolfgang Bibel Norbert Eisinger
Josef Schneeberger Jörg Siekmann

Springer-Verlag
Berlin Heidelberg New York
London Paris Tokyo

Prof. Dr. Wolfgang Bibel
Department of Computer Science
University of British Columbia
6356 Agricultural Road
Vancouver, B.C. Canada V6T 1W5

Norbert Eisinger
Prof. Dr. Jörg Siekmann
Universität Kaiserslautern
Fachbereich Informatik
Postfach 3049, 6750 Kaiserslautern

Josef Schneeberger
Technische Universität München
Institut für Informatik
Postfach 202420, 8000 München 2

ISBN-13:978-3-540-18309-9   e-ISBN-13:978-3-642-72963-8
DOI: 10.1007/978-3-642-72963-8

CIP-Kurztitelaufnahme der Deutschen Bibliothek
Studien- und Forschungsführer Künstliche Intelligenz / hrsg. von Wolfgang
Bibel ... –
Berlin ; Heidelberg ; New York ; London ; Paris ; Tokyo : Springer, 1987
ISBN-13:978-3-540-18309-9

NE: Bibel, Wolfgang [Hrsg.]; Künstliche Intelligenz

2145/3140-543210

Inhalt

Vorwort

Der vorliegende Studien- und Forschungsführer Künstliche Intelligenz gibt einen aktuellen Überblick über die in der Bundesrepublik Deutschland und in Österreich bestehenden Ausbildungsmöglichkeiten im Hochschulbereich und die Forschungsaktivitäten und -förderungsprogramme im öffentlichen und industriellen Bereich. Das Gebiet der Künstlichen Intelligenz (engl. Artificial Intelligence) hat in den USA, Großbritannien und anderen Ländern bereits einen festen Platz in den Lehrplänen und in der Forschung gefunden und erlebt derzeit auch hierzulande einen enormen akademischen Aufschwung. Nicht zuletzt wegen der vielfältigen Anwendungsmöglichkeiten steht dieses Gebiet heute weltweit im Zentrum des Interesses und wird von einigen Ländern mit Aufwendungen in Milliardenhöhe gefördert.

Die Künstliche Intelligenz (KI) hat sich in Deutschland erst sehr spät und gegen einigen Widerstand entwickeln können. Inzwischen gibt es jedoch Vorlesungen und Seminare an vielen deutschen Universitäten, einzelne Universitäten bieten sogar eine dem Ausland vergleichbare KI-Ausbildung an, die in die Informatik-Studienpläne integriert ist; einen eigenen KI-Studiengang gibt es bisher in Deutschland noch nicht.

Die Informationen in dieser Broschüre wurden von den Herausgebern im Namen des Fachausschusses 1.2 „Künstliche Intelligenz und Mustererkennung" der Gesellschaft für Informatik zusammengestellt.

Dies ist die zweite Auflage des Studien- und Forschungsführers Künstliche Intelligenz; die erste wurde 1983 von der Gesellschaft für Informatik herausgegeben. Das Spektrum der Forschung und das Lehrangebot zur KI sind bei der raschen Entwicklung der Disziplin natürlich einem stetigen Wandel unterworfen. Die Herausgeber bitten deshalb um Information über neue Projekte, Verbesserungsvorschläge und Korrekturen, die sie in einer Neuauflage berücksichtigen werden.

IF/Prolog

iF

Was unterscheidet, abgesehen vom Preis, die verschiedenen Prolog-Implementierungen?

IF/Prolog bietet mehr Werkzeuge zur Programmentwicklung für mehr Rechner – aufwärtskompatibel vom PC zum Mainframe!

IF/Prolog bietet:
Vollcompiler für VAX-Rechner,
MC 680xx und NSC 32xxx
Clocksin/Mellish Standard, Interpreter
und Semi-Compiler für alle UNIX-Rechner
bildschirmorientierte BoxDebugger,
C-Schnittstelle mit Backtracking,
Exception-Handler, Gleitpunkt-Arithmetik,

Außerdem bieten wir:
Unterstützung bei der KI-Applikation.
Consulting, Schulung

Weitere Informationen bei:
InterFace Computer GmbH
Garmischer Straße 4
8000 München 2
Telefon: 089/51 08 65 55
Telex 5 22 379 ifcom d
Usenet/Eunet:
arin@ifcom. uucp

InterFace Computer GmbH

AI & SOCIETY

The Journal of Human and Machine Intelligence

AIMS AND SCOPE

This new International Journal deals with strategic issues arising out of the developments of artificial intelligence and information technology. It focuses on the management of these technologies and discusses the broader social economic and political implications. It will encourage a debate between human-centred and machine-centred approaches. Rather than dealing with the technical issues of AI this Journal emphasises the need to understand the consequences of this powerful tool.

PAPERS TO APPEAR IN EARLY ISSUES

Professor M. BODEN — AI: Cannibal or Missionary?

Professor M. COOLEY — AI and Human-Centred Systems

Dr. A. BUNDY — Raising the Standards of AI Products

Dr. R. ENNALS — Socially Useful Artificial Intelligence

Professor G.K. PULLUM — Natural Language Interfaces and Strategic Computing

Professor D. PARTRIDGE — Machine Learning and Human Decision Making

Dr. E.S. READ — Artificial Intelligence, or the Mechanisation of Work

Dr. H. GOLDBERGER — AI in Medicine: Of What, By Whom and For Whom?

Dr. A. JOSEFSON — Knowledge and Experience: the Nurse as an Engineer

Dr. J. Hilton — Is the Learner a Computer Peripheral?
Artificial Intelligence and the Interactive Video

Professor F. RAUNER — Social Shaping of Technology and Work

Editorial Board

Springer-Verlag
Berlin Heidelberg New York London Paris Tokyo

Heidelberger Platz 3, D-1000 Berlin 33 · 175 Fifth Ave., New York, NY 10010, USA
28, Lurke Street, Bedford MK40 3HU, England · 26, rue des Carmes, F-75005 Paris
37-3, Hongo 3-chome, Bunkyo-ku, Tokyo 113, Japan

WISSEN AUF ABRUF

Xi Plus ist der konkrete Weg, das Sach- und Erfahrungswissen von Spezialisten zu speichern und von Dritten abrufen zu lassen.
Ein praxisorientiertes Entwicklungswerkzeug für Expertensysteme auf PC, exklusiv von ExperTeam:

- Entwicklungsumgebung für den Aufbau von Wissensbasen
- Getrennte Anwendungsumgebung für die Konsultation von erstellten Expertensystemen
- Online-Tutorial, Beispiele und ausführliches Benutzerhandbuch
- Deutschsprachige Benutzeroberfläche, einfache Befehlssprache und Menü-Technik
- Auch von Nichtprogrammierern einsetzbar
- Stufenweise auf- und ausbaubar, von einfachen zu komplexen Anwendungen

- Einsatzfähig auf Personal-Computern nach Industriestandard
- Integrationsfähig in die übrige PC-System- und -Anwendungssoftware
- International bewährtes Produkt mit über 3.500 Installationen bei 900 Firmen

Wir suchen

für dieses vielversprechende Produkt engagierte Mitarbeiter, die unsere Kompetenz für die Systementwicklung von branchenorientierten Expertensystemen und die Anwendungsberatung verstärken. Mit 70 Mitarbeitern in Köln, Dortmund, Stuttgart, München und Biel (Schweiz) gehört ExperTeam zu den erfolgreichen Unternehmen in der Software-Industrie. Unser Erfolg

beruht auf der Qualität unserer Produkte und Dienstleistungen sowie unserer Idee von Partnerschaft mit Kunden und Mitarbeitern. Wenn Sie interessiert sind, bitten wir um Ihre Kontaktaufnahme mit Prof. Dr. Horst Strunz.

ExperTeam
Beratung + Training + Software + Systeme

ExperTeam GmbH · Hauptsitz Köln
Eupener Straße 150 · 5000 Köln 41
Telefon: 02 21/4 97 07 41
Teletex: 26 27-22 14 237 GIZ Kln
Fax: 02 21/49 18 71

1. Künstliche Intelligenz

1.1 Das Fachgebiet

Gewisse menschliche Aktivitäten, wie das Planen einer kombinierten Bahn-Busreise, das Verstehen natürlicher gesprochener Sprache, das Beweisen mathematischer Sätze, das Erstellen einer medizinischen Diagnose oder das Sehen und Erkennen bestimmter Gegenstände erfordern zweifellos Intelligenz – unabhängig davon, welche Definition dieses Begriffes man bevorzugt.

Die „Künstliche Intelligenz" [1] untersucht solche bisher dem Menschen vorbehaltene Verhaltensweisen, indem sie sie auf dem Rechner simuliert und naturwissenschaftlicher Betrachtungsweise und damit ingenieurmäßiger Verwendung zugänglich macht.

Nicht zuletzt wegen der Konsequenzen solcher Forschungsergebnisse für den zukünftigen Einsatz von Computern hat dieses Gebiet auch großen Einfluß auf die traditionelle Informatik gehabt. Dieser Einfluß wird sich im kommenden Jahrzehnt sicher verstärken: Viele Forschungsergebnisse der KI versprechen zu einer Schlüsseltechnologie zu werden und sind damit eine wichtige Voraussetzung industrieller Wettbewerbsfähigkeit.

Aus dieser – anwendungsorientierten – Sicht gliedert sich die KI in sechs große Hauptdisziplinen:

Natürlichsprachliche Systeme

Dieses Teilgebiet der KI verfolgt mehrere Hauptaufgaben. Zunächst sollen die komplexen Informationsverarbeitungsprozesse, die dem Verstehen, dem Erwerb und dem Gebrauch natürlicher Sprache zugrundeliegen, mit Mitteln der Informatik exakt beschrieben und erklärt werden. Darauf aufbauend will man an Sprache gebundene Leistungen maschinell verfügbar machen und die Mensch-Maschine-Kommunikation durch die Entwicklung natürlichsprachlicher Systeme verbessern.

Berühmt geworden und paradigmatisch ist Winograds System [2], in dem der Benutzer einen erstaunlich natürlichen Dialog mit einem

„Hand-Eye"-Roboter führen kann. Die wesentliche Einschränkung liegt in der vergleichsweise simplen „Welt" (blocks world), über die ein Diskurs möglich ist. Gegenwärtige Systeme versuchen, komplexere „Welten" zuzulassen. Beispielsweise simuliert das Redepartner-Modell HAM-ANS (HAM-RPM) einen Hotelmanager, der versucht, ein Zimmer möglichst positiv anzubieten [3]. Dabei hat sich im Laufe der letzten zehn Jahre der Forschungsschwerpunkt von den Problemen des reinen Sprachverstehens auf die zusätzlichen Probleme, die in einem Dialog auftreten, verlagert. Diese zusätzliche Problemstellung ist durch die abwechselnde Initiative der Dialogpartner, die Fähigkeit, ein Ausufern des Dialogs zu verhindern, die Rückführung des Gesprächs auf spezielle Punkte und nicht zuletzt durch die unterschiedliche Motivation der Dialogpartner gekennzeichnet.

Das Computerprogramm „versteht" die gesprochene Sprache in dem Sinn, daß es eine interne Repräsentation der ausgesprochenen Sachverhalte aufbaut und mit Hilfe einer Wissensbasis sinnvolle Antworten über diese Sachverhalte generieren kann.

Während in diesen Arbeiten die natürlichsprachlichen Sätze über ein Terminal eingegeben werden müssen, haben andere Forschungsgruppen die Untersuchung gesprochener natürlicher Sprache zum Gegenstand [4].

Die Konsequenzen solcher Forschung sind offensichtlich, amerikanische und japanische Firmen und Forschungszentren haben erhebliche Investitionen auf diesem Gebiet vorgenommen. Die unmittelbaren Anwendungen liegen in der Kopplung eines natürlichsprachlichen „front ends" mit einem Informationssystem, einer Datenbank oder einem Expertensystem sowie der Roboterkontrolle.

Auf diesem Gebiet sind dem Ausland vergleichbare Anstrengungen in Deutschland (Berlin, Erlangen, Hamburg, Saarbrücken, Stuttgart) unternommen worden.

Expertensysteme
Das Ziel dieses Gebietes ist es, Programmsysteme zu entwickeln, die Aufgaben erfüllen, wie sie bisher menschlichen Spezialisten vorbehalten waren. Paradigmatisch ist das DENDRAL-System, das durch die Untersuchung einer Masse-Spektral-Analyse Rückschlüsse auf die chemische Struktur der untersuchten Moleküle zieht [5]. Die Leistungsfähigkeit des Systems ist derjenigen hochspezialisierter Chemiker vergleichbar, in Einzelfällen sogar überlegen.

Ein ebenfalls berühmt gewordenes System ist MYCIN, ein Expertensystem mit eingeschränktem natürlichsprachlichem Zugriff, das eine medizinische Diagnose für bestimmte bakteriologische Krankheiten erstellt und einen Therapievorschlag macht [6].

Andere Systeme wurden für die Geologie, für die Fehlerkorrektur von Schaltkreisen, für die Codeerzeugung im Compilerbau, für die Diagnose und Konfiguration technischer Anlagen und für weitere medizinische Anwendungen entwickelt; einen guten Überblick gibt [7]. Zusammen mit der Verarbeitung natürlicher Sprache ist dieses Gebiet in ganz besonderer Weise geeignet, falsche Vorstellungen über die Grenzen eines Computers zu korrigieren und zu demonstrieren, wie weit es bereits gelungen ist, Fähigkeiten auf dem Computer zu realisieren, die bisher nur menschlicher Intelligenz zugeschrieben wurden. In Deutschland gibt es mittlerweile eigene wissenschaftliche Anstrengungen auf diesem Gebiet. Einige Firmen und Forschungsinstitute haben eigene Entwicklungsabteilungen für Expertensysteme aufgebaut.

Deduktionssysteme
Das Beweisen mathematischer Sätze durch den Computer hat zahlreiche Anwendungen in der Informatik gefunden, die von der Logik als Programmiersprache [8, 9], über die Programmsynthese und die Programmverifikation [10] bis hin zum Beweisen der Fehlerfreiheit von vorgelegten Hardwarekonfigurationen reichen (etwa von Schaltkreisen, von Steuerungen für Atomreaktoren oder von allgemeinen Organisations-strukturen).

Die wichtigsten Teilbereiche dieses Forschungsgebietes, die teilweise Grundlagencharakter für die gesamte KI haben und inzwischen eigene internationale Tagungen abhalten, sind:

- das logische Programmieren;
- die Reduktionssysteme oder Termersetzungssysteme;
- die Unifikationstheorie;
- nichtmonotone Logiken und „Reason Maintenance"-Systeme

Ein Deduktionssystem, das heute zu den leistungsfähigsten im internationalen Vergleich zählt, wurde in Karlsruhe und Kaiserslautern entwickelt [11]. Weitere Entwicklungen gibt es in Hamburg, Kiel, München und Stuttgart.

Robotik

Ziel dieses Forschungsgebiets ist die Entwicklung computergesteuerter Roboter, die zunehmend Eigenintelligenz besitzen. Basierend auf den inzwischen klassischen KI-Robotern Shakey in den USA [12] und Freddy in Großbritannien [13] hat sich in diesem Gebiet neben der Grundlagenforschung sehr rasch ein anwendungsorientierter Zweig entwickelt, der eine für die weitere Automatisierung entscheidende Schlüsselfunktion hat. Hier wird besonders anschaulich, wie eng wissenschaftliche und industrielle Wettbewerbsfähigkeit zusammenhängen: Die Grundlagenforschung wurde vor ca. 15 Jahren in den USA begonnen und von der deutschen Informatik zunächst weitgehend ignoriert. Heute hat Japan die meisten Industrieroboter im Einsatz (wenn auch bisher mit wenig Eigenintelligenz). Die Bedeutung der Roboterforschung wurde in der Bundesrepublik sehr spät erkannt, und trotz der großen Anstrengungen in den letzten Jahren gibt es noch immer zu wenig Grundlagenforschung und kaum eine universitäre Ausbildung auf diesem Gebiet. Dagegen haben einige deutsche Firmen inzwischen eigene Roboterentwicklungen vorgenommen, die international konkurrenzfähig sind. Als führendes Land auf diesem Gebiet gilt jedoch nach wie vor Japan.

Bildverstehen

Abgesehen von der wissenschaftlichen Fragestellung nach den Mechanismen, die eine „Gestalt"-Wahrnehmung ermöglichen und den dadurch möglich gewordenen Erklärungsversuchen und Rückschlüssen auf das menschliche Sehvermögen [14] bietet dieses Gebiet ebenfalls zahlreiche Anwendungsmöglichkeiten, die vom Robotereinsatz [15] über medizinische Anwendungen (z.B. Reihenuntersuchung von Röntgenbildern) bis hin zur Auswertung von Luftbildaufnahmen reichen [16]. Neben der Verarbeitung natürlicher Sprache ist dies sicher eines der größten und wichtigsten Untergebiete der KI, das selbst von Spezialisten kaum noch im einzelnen überschaubar ist.

Auf diesem Gebiet sind in Deutschland ebenfalls wichtige Forschungszentren (Erlangen, Hamburg, Karlsruhe, München) entstanden; in der Analyse bewegter Szenen und der Kopplung von bildverstehenden mit sprachverstehenden Systemen gehören deutsche Zentren (Karlsruhe, Hamburg, Saarbrücken) inzwischen zu den international anerkannten Forschungsgruppen.

Cognitive Science

Wie kann Geist (ein immaterieller, informationsverarbeitender Prozeß) mit Materie in Verbindung gebracht werden? Gibt es Kategorien, die menschliches oder maschinelles Denken a priori beschränken? Wie funktioniert die biologische Informationsverarbeitung?

Diese und weniger grandiose, aber verwandte, Fragestellungen sind klassischerweise in der Philosophie, der Psychologie oder der Linguistik gestellt worden. Im Lichte unserer Erfahrung mit künstlichen informationsverarbeitenden Systemen bekommen solche Fragen einen neuen Aspekt. Die Mechanismen, die Intelligenz ermöglichen, können im Prinzip unabhängig von ihrer Trägersubstanz, der neuronalen „Hardware" einerseits oder dem Silicon-Chip andererseits, untersucht werden. Dazu haben sich an einigen amerikanischen Hochschulen Philosophen, Psychologen, Linguisten und Wissenschaftler der Künstlichen Intelligenz zusammengeschlossen und ein neues Fachgebiet „Cognitive Science" gegründet. Diese Fachgruppen halten eigene internationale Konferenzen ab und geben eigene Fachzeitschriften, z.B. „Cognitive Science", heraus.

Die Anzahl der Lehr- und Fachbücher auf diesem Gebiet ist in den letzten Jahren ungeheuer angewachsen, eine Auswahl der wichtigsten Bücher wird im Abschnitt 1.7 angegeben.

Die folgende Abbildung stellt noch einmal die wichtigsten Gebiete der KI zusammen:

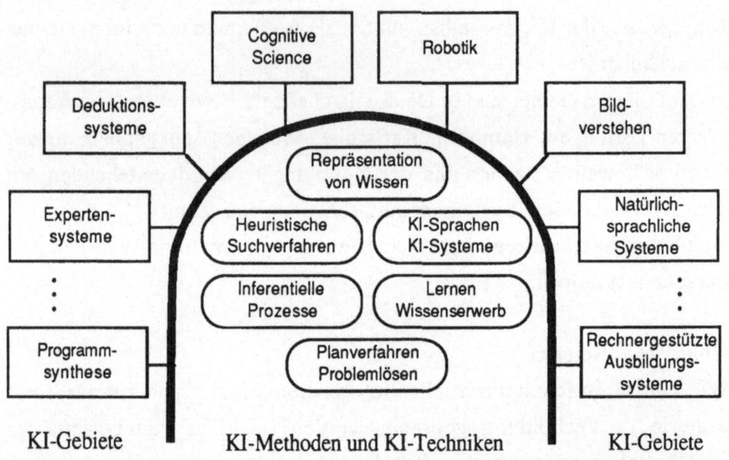

Zusammenfassend läßt sich sagen, daß unter Fachleuten heute Einigkeit darüber herrscht, daß der KI wegen der vielfältigen Einsatzbereiche der wissenschaftlichen Resultate eine Schlüsselrolle für den Einsatz von Computern im kommenden Jahrzehnt zufällt, und daß ihre sozialen, wirtschaftlichen, politischen und auch militärischen Auswirkungen außerordentlich weitreichend sein werden („second industrial revolution" [17]).

1.2 Förderprogramme in der Bundesrepublik

Die Künstliche Intelligenz wird insbesondere in den USA und Japan mit Aufwendungen in Milliardenhöhe gefördert. Im Vergleich dazu sind die Fördermittel in Deutschland zwar immer noch relativ bescheiden, aber doch umfangreicher als ausgebildetes Personal zur sinnvollen Verwendung der Gelder derzeit zur Verfügung steht. Dies hat zu der unerfreulichen Situation geführt, daß qualifizierte Leute mit hohen Summen abgeworben werden und Forschungsprojekte gar nicht oder nur mit unzureichender personeller Ausstattung durchgeführt werden können. Die wichtigsten Förderprogramme sind:

Sonderforschungsbereich 314 „Künstliche Intelligenz"
Der Sonderforschungsbereich 314 „Künstliche Intelligenz" der Deutschen Forschungsgemeinschaft wurde für die drei Universitäten Karlsruhe, Kaiserslautern und Saarbrücken sowie das Fraunhofer-Institut für Informations- und Datenverarbeitung (IITB) in Karlsruhe vergeben. Ein SFB hat in der Regel einen Förderzeitraum von 10 Jahren, Beginn war 1985. Informationen sind erhältlich vom Gesamtsprecher des SFB 314:

Prof. Dr. P. Deussen
Universität Karlsruhe
Institut für Informatik I, SFB 314
Postfach 69 80
7500 Karlsruhe
Tel.: (0721) 608 3975

bzw. den Standortsprechern:

Prof. Dr. W. Wahlster
Universität des Saarlandes
FR 10.2 Informatik IV
Im Stadtwald 15
6600 Saarbrücken 11
Tel.: (0681) 302 2363

Prof. Dr. M.M. Richter
Universität Kaiserslautern
FB Informatik
Erwin-Schrödinger-Straße
6750 Kaiserslautern
Tel.: (0631) 205 2800

Ziel des Sonderforschungsbereichs ist es, die Grundlagenforschung in der KI zu fördern.

Verbundprojekte

Die Verbundprojekte des Bundesministeriums für Forschung und Technologie sind stärker anwendungsorientiert. Projekte werden in der Regel gemeinsam von Firmen und Hochschulen durchgeführt.

Ziel der Verbundprojekte ist es, die anwendungsorientierte Forschung und Entwicklung in den Firmen soweit voranzutreiben, daß diese dem gegenwärtigen technologischen Wandel gewachsen sind und auf dem internationalen Markt konkurrenzfähig bleiben. Informationen sind erhältlich von:

BMFT, Referat 413
Dr. Marx
Postfach 20 07 06
5300 Bonn 2
Tel.: (0228) 59 3199

ESPRIT-Projekte

Die Esprit-Projekte der Europäischen Gemeinschaft haben eine ähnliche Zielsetzung wie die Verbundprojekte, sind jedoch auf supranationaler europäischer Ebene organisiert: es müssen mindestens zwei Firmen aus verschiedenen Ländern sowie Hochschulen in einem Projekt vertreten sein. Informationen sind erhältlich von:

Commission of the European Communities
Rue de la Loi 200
B-1049 Brüssel

Sonstige

Neben den obigen Förderschwerpunkten gibt es zahlreiche Einzelprojekte der Deutschen Forschungsgemeinschaft und der Stiftung Volkswagenwerk im Bereich der KI.

Information:

Deutsche Forschungsgemeinschaft
Kennedyallee 40
5300 Bonn-Bad Godesberg
Tel.: (0228) 8851

Stiftung Volkswagenwerk
Kastanienallee 35
3000 Hannover 81
Tel.: (0511) 8381-1

Die meisten der großen Firmen in der Bundesrepublik haben inzwischen eigene KI-Entwicklungsabteilungen aufgebaut (siehe Abschnitt 2.4); eins der wichtigsten Zentren ist das European Computer-Industry Research Centre (ECRC) der Firmen ICL (Großbritannien), Honeywell Bull (Frankreich) und Siemens AG (Deutschland) geworden. Anschrift:

Dr. Hervé Gallaire
ECRC GmbH, Forschungszentrum
Arabellastraße 17
8000 München 81
Tel.: (089) 9269 9100

Das Bundesministerium für Forschung und Technologie hat die Vergabe eines Forschungsinstitutes für Künstliche Intelligenz an die Universität Kaiserslautern mit einer Außenstelle an der Universität Saarbrücken beschlossen, in dem etwa 80 bis 100 Mitarbeiter grundlagenorientiert forschen sollen (Beginn Anfang 1988, zunächst für 10 Jahre).

Außerdem planen einige weitere Bundesländer den Aufbau eigener KI-Forschungszentren.

1.3 Nationale Organisation

In der Bundesrepublik Deutschland sind die Arbeitsgruppen der Künstlichen Intelligenz in der Gesellschaft für Informatik (GI) wie folgt organisiert:

Fachbereich 1: „Grundlagen der Informatik und Künstliche Intelligenz"

Sprecher: Prof. Dr. W. Brauer
TU München, Institut f.Informatik
Arcisstraße 21
8000 München 2
Tel.: (089) 2105 2401

Stellv.: Prof. Dr. B. Neumann
Uni Hamburg, FB Informatik
Bodenstedtstraße 16
2000 Hamburg 50
Tel.: (040) 4123 6130

Fachausschuß 1.2 „Künstliche Intelligenz und Mustererkennung"

Sprecher: Prof. Dr. B. Neumann
Uni Hamburg, FB Informatik
Bodenstedtstraße 16
2000 Hamburg 50
Tel.: (040) 4123 6130

Stellv.: Dr. C. Freksa
TU München, Inst.f.Informatik
Arcisstraße 21
8000 München 2
Tel.: (089) 2105 2606

Der Fachausschuß ist Träger der wissenschaftlichen Arbeit der GI auf allen Teilgebieten der Künstlichen Intelligenz (KI) und Mustererkennung, wobei sowohl die theoretischen als auch die software- und hardware-technischen Aspekte vollständig abgedeckt werden. Der Fachausschuß veranstaltet die jährliche Fachtagung GWAI, auf der Arbeiten aus allen Fachgruppen und Arbeitskreisen zum Fachgebiet Künstliche Intelligenz vorgestellt werden.

Fachgruppe 1.2.1: „Deduktionssysteme"

Sprecher: Dr. Ch. Walther
Uni Karlsruhe, Informatik 1
Zirkel 2
7500 Karlsruhe 1
Tel.: (0721) 608 4207

Stellv.: Prof. Dr. J. Siekmann
Uni Kaiserslautern, FB Inform.
Erwin-Schrödinger-Straße
6750 Kaiserslautern
Tel.: (0631) 205 2895

Ziel der Fachgruppe ist der Austausch von theoretischen und praktischen Erfahrungen auf den Gebieten Automatische Beweisverfahren, Programm-verifikation, Programmsynthese und Problemlösen. Dabei soll der Austausch nicht nur wechselseitig stattfinden, sondern die Mitglieder sollen möglichst auch von den auswärtigen Beziehungen der Kollegen profitieren. So wird ein möglichst hoher, internationaler Standard angestrebt.

Die Fachgruppe bezweckt in erster Linie einen intensiven Informationsaustausch, die Pflege persönlicher Kontakte und die Zusammenarbeit mit interessierten Gruppen anderer Organisationen. Die Fachgruppe bietet den zuständigen Organen der GI fachliche Unterstützung bei Ausbildungs-, Unterrichts- und Berufsfragen im Bereich Deduktionssysteme.

Fachgruppe 1.2.2: „Expertensysteme"

Sprecher: Dr. H.-W. Hein
Gesellschaft für Mathematik und
Datenverarbeitung mbH (GMD)
Schloß Birlinghoven
5205 St. Augustin 1
Tel.: (02241) 14 2700

Stellv.: Dr. E. Lehmann
Siemens A.G./ZTI Inf. 3
Otto-Hahn-Ring 6
8000 München 83
Tel.: (089) 636 45511

Die Fachgruppe beschäftigt sich mit den wissenschaftlichen Grundlagen, der Entwicklung und dem praktischen Einsatz wissensbasierter Systeme. Sie fördert den Austausch von Informationen und vorwettbewerblichen Prototypen bzw. Softwarewerkzeugen.

Fachgruppe 1.2.3: „Natürlichsprachliche Systeme"

Sprecher: Prof. Dr. W. Wahlster
Universität des Saarlandes
FR 10.2 Informatik IV
Im Stadtwald 15
6600 Saarbrücken 11
Tel.: (0681) 302 2363

Stellv.: Prof. Dr. C. Habel
Universität Hamburg
FB Informatik
Bodenstedtstr. 16
2000 Hamburg 50
Tel.: (040) 4123-6107

Die Fachgruppe fördert einen intensiven Informationssaustausch aller Mitglieder, die sich mit dem Entwurf, der Implementierung und dem Einsatz natürlichsprachlicher Systeme sowie mit der Erforschung der damit verbundenen theoretischen Grundlagen beschäftigen.

Insbesondere werden natürlichsprachliche Zugangssysteme (z.B. zu Datenbanksystemen, Expertensystemen), Frage-Antwort-Systeme, Dialogsysteme und textverstehende Systeme sowie Systeme zum natürlich-

sprachlichen Wissenserwerb, zur sprachlichen Bildbeschreibung, zur
natürlichsprachlichen Programmierung und zur automatischen Über-
setzungbehandelt. Die Fachgruppe ist auch für Linguisten und Psychologen
offen, die sich aus dem Blickwinkel der Künstlichen Intelligenz mit
Problemen der natürlichsprachlichen Mensch-Maschine-Kommunikation
beschäftigen möchten.

Fachgruppe 1.2.4: „Theorie der Mustererkennung"
aufgelöst

Fachgruppe 1.2.5: „Sprachanalyse"

Sprecher: Dr. H. Ney   Stellv.: Dr. H. Höge
Philips GmbH   Siemens A.G.
Forschungslaboratorium Hamburg   Otto-Hahn-Ring 6
Vogt-Kölln-Straße 30   8000 München 83
2000 Hamburg 54   Tel.: (089) 636 3374
Tel.: (040) 5493 781

Das wissenschaftlich-technische Fachgebiet dieser FG ist die Unter-
suchung gesprochener Sprache. Einen wichtigen Platz nehmen hier die
Erkennung von einzelnen Wörtern und kontinuierlicher Sprache sowie
Anwendungen der Spracherkennung in Kommando-, Auskunfts- und
anderen Dienstleistungssystemen ein. Ein weiterer Bereich ist
Sprecheridentifikation und -verifikation. Als dritter Bereich sind
Sprachcodierung und -synthese sowie verwandte Bereiche der
Sprachverarbeitung zu nennen mit den Anwendungsgebieten Sprachüber-
tragung und Sprachausgabe.

Fachgruppe 1.2.6: „Bildanalyse und Bildverstehen"

Sprecher: Prof. Dr. B. Radig   Stellv.: Dr. L.Dreschler-Fischer
TU München, Institut f.Informatik   Uni Hamburg, FB Informatik
Arcisstraße 21   Bodenstedtstraße 16
8000 München 2   2000 Hamburg 50
Tel.: (089) 2105 8195   Tel.: (040) 4123-6132

Das Beschreiben von Bildern und Bildfolgen dient als Grundlage für das
Bildverstehen. Aussagen über Objekte, Szenen und Handlungen werden

automatisch gewonnen. Bei der digitalen Verarbeitung visueller Information sind Bildanalyse und Bildverstehen ein Bindeglied zwischen Signalverarbeitung und Künstlicher Intelligenz. Lehre, Grundlagen- und Anwendungsforschung sowie Zusammenarbeit mit der Industrie werden gefördert. Die Fachgruppe wendet sich an alle, die sich mit Entwurf, Entwicklung und Einsatz von bildverarbeitenden Systemen oder mit den damit verbundenen theoretischen Grundlagen befassen.

Fachgruppe 1.2.7: „Robotik"

Sprecher: Dr. P. Levi
Forschungszentrum Informatik
Haid-u.-Neu-Straße 11-14
7500 Karlsruhe 1
Tel.: (0721) 690 677

Stellv.: Dr. G. Hirzinger
DFVLR / Abt. Automatisierung
Post Weßling
8031 Oberpfaffenhofen
Tel.: (08153) 28 401

Die Fachgruppe wendet sich an alle, die sich mit Entwurf, Entwicklung und Einsatz von Robotersystemen, insbesondere von Industriemanipulatoren, befassen oder sich mit den damit verbundenen theoretischen Grundlagen beschäftigen.

Die Fachgruppe befaßt sich mit allen Informatikaspekten der Robotik. Dazu gehören u.a. Programmierung, Aufgabenplanung, Trajektorienberechnung, Digitale Regelung, Sensorik, Systeme für spezielle Anwendungen. Einen besonderen Schwerpunkt nehmen Fragestellungen aus dem Blickwinkel der Künstlichen Intelligenz ein.

Fachgruppe 1.2.8: „KI-Softwaretechniken"

Komm. Sprecher:
Prof. Dr. H. Stoyan
Uni Konstanz
Informationswissenschaft
Postfach 5560
7750 Konstanz 1
Tel.: (07531) 88 3593

Stellv.: F. di Primio
Gesellschaft f. Mathematik und
Datenverarbeitung mbH (GMD)
Schloß Birlinghoven
5205 Sankt Augustin 1
Tel.: (02241) 14 2679

Der Arbeitskreis fördert einen intensiven Informationsaustausch aller Mitglieder, die sich für Programmiermethoden der KI und die dafür erforderlichen technischen Hilfsmittel interessieren.

Insbesondere werden KI-Programmiersprachen, -werkzeuge, -umge-
bungen, Programmierstile und -methoden behandelt. Dabei steht im
Zentrum der Aufmerksamkeit, nicht nur übliche Methoden der Informatik
einzusetzen, sondern mehr Gebrauchswert und Nutzerfreundlichkeit durch
Einsatz von Prinzipien der KI (Wissensbasierte Systeme, Manipulierbarkeit
von Regeln, Auskunft der Systeme über die Grundlage der Entscheidungen)
zu erreichen.

Arbeitskreis „Kognition"

Sprecher: Dr. Ch. Freksa
TU München, Institut f. Informatik
Arcisstraße 21
8000 München 2
Tel.: (089) 2105 2606

Arbeitskreis „Strukturfragen der KI"

Sprecher: Dr. Th. Christaller
Gesellschaft für Mathematik und
Datenverarbeitung mbH (GMD)
Schloß Birlinghoven
5205 Sankt Augustin 1
Tel.: (02241) 14 2704

Stellv.: Dr. K. Morik
TU Berlin, Institut f. Angew.
Informatik, Projektgruppe KIT
Sekr. FR 5-8
Franklinstraße 28-29
1000 Berlin 10
Tel.: (030) 314 73126

Arbeitskreis „Wissensrepräsentation"

Sprecher: Prof. Dr. B. Neumann
Universität Hamburg, FB Informatik
Bodenstedtstraße 16
2000 Hamburg 50
Tel.: (040) 4123 6130

Arbeitskreis „Nutzer KI und ME im DFN"

Sprecher Prof. Dr. B. Radig
TU München, Institut f. Informatik
Arcisstraße 21
8000 München 2
Tel.: (089) 2105 8166

Präsident und Geschäftsführer der Gesellschaft für Informatik (GI) sind

Prof. Dr. Fritz Krückeberg   Dr. H. Rampacher
Institut für Methodische Grundlagen   Gesellschaft für Informatik e.V.
GMD, Schloß Birlinghoven   Postfach 1669
5205 Sankt Augustin   5300 Bonn 1
Tel.: (02241) 14 2335   Tel.: (0228) 37 67 51

Der Fachausschuß 1.2 gibt regelmäßig einen Rundbrief heraus, der derzeit etwa 4000 Abonnenten im deutschsprachigen Raum hat. Redaktion:

Thomas Christaller, Franco di Primio, Dr. Bernd S. Müller
Gesellschaft für Mathematik und Datenverarbeitung mbH (GMD)
Forschungsgruppe Expertensysteme
Schloß Birlinghoven
5205 Sankt Augustin
Tel.: (02241) 14 2679

1.4 Internationale Organisation

1.4.1 Europa

Mit Ausnahme von Großbritannien hatten auch die anderen europäischen Länder einen beträchtlichen Rückstand in der KI-Forschung und -Ausbildung gegenüber dem US-Niveau aufzuholen. In dieser Richtung werden zur Zeit beträchtliche nationale Anstrengungen auf verschiedenen Ebenen unternommen.

Auf europäischer Ebene wird die Künstliche Intelligenz durch das *European Coordinating Committee for Artificial Intelligence* (ECCAI) vertreten, über das auch Informationen über Förderprogramme von europäischen Ländern erhältlich sind. Derzeitiger Sprecher der ECCAI ist:

Sprecher: Prof. Gerard Guiho   Stellv.: Fr. King
Laboratoire de Marcoussis   ISSCO
CGE Research Centre   54 route des Acacias
F-91460 Marcoussis / Frankreich   CH-1227 Geneve / Schweiz

In der ECCAI sind zur Zeit die folgenden Organisationen vertreten:

AEPIA   Associacion Española Para La Promocion De La Inteligencia
         Artificial
         Chairman: F. Verdejo, Faculdad de Informatica,
         Apartado 649, San Sebastian, Spanien
AFCET   Association Française pour la Cybernetique, Economique, et
         Technique
         Chairman: Y. Kodratoff, Univ. Paris Sud, Bat. 490,
         F-91405 Orsay Cedex, Frankreich
AIAI   Artificial Intelligence Association of Ireland
         Chairman: A. Cater, Computer Science Department,
         Trinity College, Dublin 2, Irland
AICA   Associazione Italiana per il Calcolo Automatico
         Chairman: F. Manucci, CSELT, Via Reiss Romoli 274,
         I-10148 Torino, Italien
AISB   Society for Artificial Intelligence and Simulation of Behaviour

	Chairman: R.Young, MRC Applied Psychology Unit,
	15 Chaucer Road, Cambridge CB2 2EF, England
APPIA	Associaçao Portuguesa para a Inteligencia Artificial
	Chairman: E. Costa, Dept. Engin. Elettrot.,
	University of Coimbra, Portugal
ARC	Association pour la Recherche Cognitive
	Chairman: D. Kayser, Univ. Paris-Sud, Bat. 490,
	F-91405 Orsay Cedx, Frankreich
BAAI	Belgian Association For Artificial Intelligence
	Chairman: L. Steels, Mathematics/Informatics, Free
	University Brussels, Plein Laan 2, B-1050 Brüssel, Belgien
DAIS	Danish Artificial Intelligence Society
	Chairman: G. Koch, DIKU, Inst. of Datalogy, Sigurdsgate 41
	DK-2200 Copenhagen N, Dänemark
GI	Gesellschaft für Informatik
	Chairman: B. Neumann, FB Informatik
	Bodenstedtstr. 16, D-2000 Hamburg 50, BRD
NJSZT	John von Neumann Society for Computing Science
	Chairman: T. Gergely, PO Box 240, 1368 Budapest,
	Ungarn
NUKI	Nederlandse Vereiniging vor Kunstmatige Intelligentie
	Chairman: B. Wielinga, Exper. Psychology,
	University of Amsterdam, Weesperplein 8,
	NL-1018 XA Amsterdam, Niederlande
ÖGAI	Österreichische Gesellschaft für Artificial Intelligence
	Chairman: J. Retti
	Postfach 177, A-1014 Wien, Österreich
SAIS	Swedish Artificial Intelligence Society
	Chairman: S.-A. Taernlund, UPMAIL, Uppsala University,
	P.O.B. 2095, S-75002 Uppsala, Schweden
SGAICO	Swiss Group For Artificial Intelligence And Cognitive Science
	Chairman: R. Pfeifer, 54 Route des Acacias,
	CH-1227 Geneve, Schweiz

YUGAI   Yugoslavian Group for Artificial Intelligence
             Chairman: Matjaz Gams, J. Stefan Institute, Jamova 39,
             61000 Lubljana, Jugoslawien

Eine in Europa weitverbreitete Informationsschrift ist die vierteljährlich
erscheinende *AISB-Quarterly*, die Informationen über wissenschaftliche
und organisatorische Entwicklungen der Künstlichen Intelligenz
vornehmlich in Europa enthält. Editor ist derzeit:

Mike Sharples
Cognitive Studies Programme
University of Sussex
Brighton, BN1 9QN
England
Tel.: (0044 273) 606755

1.4.2 USA

Die Vereinigten Staaten sind in den Kernbereichen der Künstlichen
Intelligenz nach wie vor führend und in der Grundlagenforschung
weitgehend dominant. Die meisten KI-Wissenschaftler sind in der American
Association for Artificial Intelligence (AAAI) organisiert, die eine jährliche
nationale Konferenz (AAAI Conference) abhält und eine einflußreiche
vierteljährliche Informationsschrift (AI Magazine) herausgibt. Außerdem
besitzt die Association for Computing Machinery (ACM), die etwa der GI
entspricht, eine Special Interest Group Artificial Intelligence (SIGART), die
regelmäßig einen Rundbrief (SIGART Newsletter) vertreibt.

Daneben gibt es eine Vielzahl von kleineren Organisationen, in denen
sich jeweils Forscher aus einem Teilgebiet der KI zusammengeschlossen
haben, und die mit eigenen Publikationen, Workshops, Konferenzen für
einen lebendigen Informationsaustausch sorgen.

1.4.3 Japan

Die japanische Forschung und Entwicklung hat in manchen
KI-Anwendungsbereichen die USA überholt und durch eine geschickt vom
MITI (Ministry of International Trade and Industry) gesteuerte

Entwicklungspolitik die Umsetzung der Forschung in Produkte teilweise schneller als andere Länder anvisiert. Mit dem ehrgeizigen Ziel der „Fifth Generation Computer Systems" hat die japanische Industrieforschung ihren internationalen Führungsanspruch angekündigt. Eine allgemeine Übersicht geben E. Feigenbaum, P. McCorduck in [17]. Speziellere Informationen enthält u.a. das ICOT-Journal:

ICOT-Journal
Institute for New Generation Computer Technology
Mita Kokusai Bldg-21F, 1-4-28, Mita
Minato-ku, Tokyo 108, Japan

1.4.4. International

Weltweit wird die Künstliche Intelligenz durch IJCAII (International Joint Conference on Artificial Intelligence Inc.) organisatorisch repräsentiert. IJCAII ist ein „affiliated member" der IFIP. Der Sekretär ist

Don Walker
Bell Communications Research
445 South Street
Morristown, NJ 07960, USA

1.5 Firmenverzeichnis

„The International Directory of Artificial Intelligence Companies", ein
regelmäßig auf den neuesten Stand gebrachtes Verzeichnis aller Firmen, die
sich teilweise oder ganz auf KI-Produkte spezialisiert haben, wird
herausgegeben von:

Artificial Intelligence Software
P.O. Box 198
45100 Rovigo
Italien

1.6 Konferenzen

Gesamte KI

American Association of Artificial Intelligence (AAAI) Conference, seit
1980, jährlich; ca. 7000 Teilnehmer

Artificial Intelligence and Simulation of Behavior (AISB) Conference, seit
1975, alle zwei Jahre; ca. 500 Teilnehmer

Canadian Conference on Artificial Intelligence, seit 1980, jährlich

European Conference on Artificial Intelligence (ECAI), seit 1974, alle zwei
Jahre; ca. 2000 Teilnehmer

German Workshop on Artificial Intelligence (GWAI), seit 1975, jährlich; ca
300 Teilnehmer

International Conference on Artificial Intelligence: Methodology, Systems
Application (AIMSA), seit 1984 in Bulgarien, alle zwei Jahre; ca. 300
Teilnehmer

International Conference on Artificial Intelligence and Information-Control
Systems of Robots, seit 1980 in der Tschechoslowakei, alle zwei Jahre;
ca. 150 Teilnehmer

International Joint Conference on Artificial Intelligence (IJCAI), seit 1969,
alle zwei Jahre; ca. 7.000 Teilnehmer

Österreichische AI-Tagung, seit 1982, alle zwei Jahre

Teilgebiete der KI

ACM Symposium on LISP and Functional Programming, seit 1980, alle
zwei Jahre

Aerospace Applications of Artificial Intelligence Conference (AAAIC)

Annual Conference of the Cognitive Science Society, seit 1979, jährlich

Annual Conference on Expert Systems in Government, seit 1985, jährlich

Annual Conference on Intelligent Systems and Machines, seit 1983, jährlich

Annual Technical Conference of the British Computer Society Specialist
Group on Expert Systems, seit 1981, jährlich

Artificial Intelligence and Advanced Computer Technology Conference,
1986 zum zweiten Mal

Association for Computational Linguistics Conference (ACL),
   amerikanische Sektion: seit 1963, jährlich
   europäische Sektion: seit 1983, alle zwei Jahre
Conference on Automated Deduction (CADE), seit 1974, alle zwei Jahre
Conference on Computational Linguistics (COLING), seit 1968, alle zwei
   Jahre
Conference on CAD and Robotics in Architecture and Construction
Conference on Computer and Mathematics
Conference on Rewriting Techniques and Applications (RTA), seit 1985,
   alle zwei Jahre
DAGM Symposium der deutschen Arbeitsgemeinschaft für
   Mustererkennung, seit 1979, jährlich
Fifth Generation Computer Systems, seit 1981
International Conference on Applications of AI to Engineering Problems,
   erstmals 1986
International Conference on Computer Vision and Pattern Recognition der
   IEEE Computer Society, seit 1972, alle zwei Jahre
International Conference on Information Processing and Managment of
   Uncertainty in Knowledge-Based Systems
International Conference on Intelligent Manufacturing Systems
International Conference on Robot Vision and Sensory Controls
   (RoViSeC), seit 1981, jährlich
International Congress on Cybernetics, 1986 zum elften Mal
International Conference on Logic Programming, seit 1982, alle zwei Jahre
International Meeting on Advances in Learning (IMAL)
International Symposium Artificial Intelligence and the Game of Chess,
   1986 zum dritten Mal
International Symposium on Logic Programming, seit 1984, alle zwei Jahre
International Syposium on Methodologies for Intelligent Systems (ISMIS)
International Workshop on Expert Systems and Their Applications, seit
   1981, jährlich
International Workshop on Machine Learning, 1987 zum 4. Mal
Knowledge Acquisition for Knowledge-Based Systems Workshop

Symposium on the Role of Language in Problem Solving, 1986 zum
  zweiten Mal
Theoretical Issues in Natural Language Processing (TINLAP), seit 1975,
  alle zwei Jahre
Workshop on Nonmonotonic Reasoning, seit 1984, alle zwei Jahre
Workshop on Uncertainty in Artificial Intelligence, seit 1985, jährlich

Nähere Informationen über Termine, Ort der einzelnen Konferenzen
usw. enthalten die Fachzeitschriften, insbesondere der Terminkalender im
Rundbrief für Künstliche Intelligenz, in den „Communications of the ACM"
und im „AI Magazine".

Kurse

Advanced Courses on Artificial Intelligence (ACAI), veranstaltet von
  ECCAI, seit 1985, alle zwei Jahre
Frühjahrsschule für Künstliche Intelligenz (KIFS), veranstaltet von FA 1.2
  der GI, seit 1982, alle zwei Jahre

1.7 Fachzeitschriften und Informationsblätter

Allgemeine KI

„AISB Quarterly", Society for the Study of Artificial Intelligence and Simulation of Behaviour

„Applied Artificial Intelligence", Hemisphere Publishing Corporation, New York

„Artificial Intelligence, an International Journal", North Holland, Amsterdam

„Computational Intelligence, Intelligence informatique", University of Toronto Press, Toronto

„Computers and Artificial Intelligence", Publishing House of the Slovak Academy of Sciences, Bratislava

„ECCAI-Newsletter", North Holland, Amsterdam

„Future Generations Computer Systems", North Holland, Amsterdam

„ICOT Journal", Tokyo

„International Journal of Man Machine Studies", Academic Press, New York

„Journal of the ACM" (Section on AI), Association for Computing Machinery, New York

„KI Rundbrief", Gesellschaft für Informatik, Bonn

„New Generation Computing", Ohmsha, Tokyo

„ÖGAI Journal", Österreichische Gesellschaft für Artificial Intelligence, Wien

„SIGART Newsletter", ACM Special Interest Group on Artificial Intelligence

„The AI Magazine", American Association for Artificial Intelligence, Menlo Park

Natürlichsprachliche Systeme

„Computational Linguistics", published by the Assoc. for Comp.
 Linguistics, USA

„LDV Forum", Herausgeber Gesellschaft für Information und
 Dokumentation GID, Bonn

„Linguistics and Philosophy", Reidel, Dordrecht, Holland

Expertensysteme

„Expert Systems, The International Journal of Knowledge Engineering",
 Learned Information Ltd., Oxford

„IEEE Expert, Intelligent Systems and Their Applications", IEEE Computer
 Society, New York

Deduktionssysteme

„AAR Newsletter", Association for Automated Reasoning

„Journal of Automated Reasoning", Reidel Publishing Company, Dordrecht

„Journal of Logic Programming", North Holland, Amsterdam

„Journal of Symbolic Computation", Academic Press, London

„Logic Programming Newsletter", Serviços Gráficos da Universidade
 Nova, Lisboa

„New Generation Computing", Springer, New York

Robotik

„IEEE Journal of Robotics and Automation", IEEE Computer Society, New
 York

„Robotersysteme", Springer, Heidelberg

„The International Journal of Robotics Research", MIT Press, Cambridge

„Robotics", North Holland, Amsterdam

Bildverstehen

„Computer Vision, Graphics, and Image Processing, An International
 Journal", Academic Press, New York

„IEEE Transactions on Pattern Analysis and Machine Intelligence (PAMI)“,
    IEEE Computer Society, New York
„Image and Vision Computing“, Quadrant Ltd., Haywards Heath, Sussex
„International Journal of Computer Vision“, Kluwer Academic Publ.,
    Norwell, MA, USA
„Pattern Recognition“, Pergamon Press, Oxford
„Pattern Recognition Letters“, North Holland, Amsterdam

Cognitive Science

„Cognition“, Intern. Journal of Cognitive Science, Elsevier, Amsterdam
„Cognitive Psychology“
„Cognitive Science, A Multidisciplinary Journal“, Ablex Publishing
    Corporation, Norwood
„Sprache und Kognition“, Zeitschrift für Sprach- und Kognitionspsycho-
    logie und ihre Grenzgebiete, Huber, Bern

1.8 Lehrbücher

Die folgende Liste gibt eine kleine Auswahl aus der Standardliteratur zur Künstlichen Intelligenz:

Allgemeine KI

Barr, A., Feigenbaum, E. (Eds.): „The Handbook of Artificial Intelligence", vol I, vol II, vol III, William Kaufmann Inc., Los Altos, 1981

Bibel, W., Jorrand, Ph. (Eds.): „Fundamentals of Artificial Intelligence", Lecture Notes in Computer Science, vol 232, Springer, Heidelberg, 1985

Bibel, W., Siekmann, J. (Hrsg.): „Künstliche Intelligenz", Informatik-Fachberichte, vol 59, Springer, Heidelberg, 1982

Charniak, E., McDermott, D.: „Introduction to Artificial Intelligence", Addison-Wesley, Reading, 1985

Habel, C. (Hrsg.): „Künstliche Intelligenz", Informatik-Fachberichte, vol 93, Springer, Heidelberg, 1985

Nilsson, N.: „Problem Solving Methods in Artificial Intelligence", McGraw Hill, New York, 1971

Nilsson, N.: „Principles of Artificial Intelligence", Springer, Heidelberg, 1982

Raphael, B.: „The Thinking Computer: Mind inside Matter", W. H. Freeman, San Francisco, 1976

Retti, J. u.a.: „Artificial Intelligence", Teubner, Stuttgart, 1984/86

Rich, E.: „Artificial Intelligence", McGraw Hill, New York, 1983

Schefe, P.: „Künstliche Intelligenz – Überblick und Grundlagen", BI-Wissenschaftsverlag, Mannheim, 1986

Winston, P. H., Brown, R. H. (Eds.) : „Artificial Intelligence: An MIT Perspective", vol I und vol II, MIT Press, Cambridge, 1979

Winston, P. H.: „Artificial Intelligence", Addison-Wesley, Reading, 1984

Natürlichsprachliche Systeme

Charniak, E., Wilks, Y. A. (Eds.): „Computational Semantics", North Holland, Amsterdam, 1976

Tennant, H.: „Natural Language Processing", Petrocelli Books, New York, 1981

Walker, D.: „Understanding Spoken Language", Elsevier North Holland, Amsterdam, 1978

Wahlster, W. (Hrsg.): „Natürlichsprachliche Argumentation in Dialogsystemen", Informatik-Fachberichte, vol 48, Springer, Heidelberg, 1981

Winograd, T.: „Understanding Natural Language", Edinburgh Univers. Press, Edinburgh, 1970

Winograd, T.: „Language as a Cognitive Process", vol I: Syntax, Addison Wesley Publ. Corp., Reading, 1983

Expertensysteme

Buchanan, B. G., Shortliffe E. H.: „Rule Based Expert Systems. The MYCIN Experiments", Addison Wesley, Reading, 1984

Davis, R., Lenat, D.: „Knowledge-Based Systems in Artificial Intelligence", McGraw-Hill, New York, 1982

Hayes-Roth (et al): „Building Expert Systems", Addison-Wesley, Reading, 1983

Jackson, P.: „Introduction to Expert Systems", Addison-Wesley, Wokingham, 1986

Michie, D.: „Expert Systems in the Microeletronic Age", Edinburgh University Press, 1979

Shortliffe, E. H.: „Computer Based Medical Consultations: MYCIN", Elsevier, New York, 1976

Deduktionssysteme

Bibel, W.: „Automated Theorem Proving", Vieweg, Braunschweig, 1982/1987

Bläsius, K.-H., Bürckert, H. J. (Hrsg.): „Deduktionssysteme: Die Automatisierung des logischen Denkens", Oldenbourg-Verlag, München, 1987

Boyer, R., Moore, J.: „A Computational Logic", Academic Press, London, 1979

Bundy, A.: „The Computer Modelling of Mathematical Reasoning", Academic Press, London, 1983

Chang, C., Lee, R.: „Symbolic Logic and Mechanical Theorem Proving", Academic Press, New York, 1973

Kowalski, R.: „Logic for Problem Solving", North Holland, Amsterdam, 1979

Loveland, D.: „Automated Theorem Proving", North Holland, Amsterdam, 1978

Manna, Z., Waldinger, R.: „The Logical Basis for Computer Programming", Addison-Wesley, 1985

Richter, M.: „Logikkalküle", LAMM 43, Teubner, Stuttgart, 1978

Wos, L. (et al): „Automated Reasoning – Introduction and Applications", Prentice Hall, Englewood Cliffs, 1984

Robotik

Blume, Ch., Jakob, W.: „Programming Languages for Industrial Robots", Springer, Heidelberg, 1986

Dood, G., Rossol, L.: „Computer Vision and Sensor-Based Robots", Plenum Press, 1979

Bildverstehen

Ballard, Brown: „Computer Vision", Prentice Hall, Englewood Cliffs, 1982

Brady, M. (guest editor): „Special Volume on Computer Vision", Artificial Intelligence, an International Journal, vol 17, no 1-3, North Holland, Amsterdam, 1981

Hanson, A. L., Riseman, E. M. (Eds.): „Computer Vision Systems", Academic Press, New York, 1979

Horn, P., Klaus, B.: „Robot Vision", McGraw-Hill, New York, 1986

Levine, M. D.: „Vision in Man and Machine", McGraw-Hill, New York, 1985

Rosenfeld, A., Kak, A. C.: „Digital Picture Processing", Academic Press, New York, 1976

Cognitive Science

Anderson, J. R.: „The Architecture of Cognition", Harvard Press, 1983

Boden, M.: „Artificial Intelligence and Natural Man", Harvester Press, Hassocks, 1977

Gardner, H.: „The Minds New Science", Basic Books Inc., 1985

Gregg, L.: „Knowledge and Cognition", L. Erlbaum, 1974

de Mey, M.: „The Cognitive Paradigm", Reidel, 1982

Simon, H.: „The Science of the Artificial", MIT Press (sec. ed), 1981

Sloman, A.: „The Computer Revolution in Philosophy", Harvester Press, Hassocks, 1978

KI-Programmiersprachen

Allen, J.: „Anatomy of LISP", McGraw Hill, New York, 1978

Bratko, I.: „PROLOG Programming for Artificial Intelligence", Addison-Wesley, 1986

Charniak, E., Riesbeck, C. K., McDermott, D. V.: „Artificial Intelligence Programming", Lawrence Erlbaum, Hillsdale, 1980

Clocksin, W. F., Mellish, C. S.: „Programming in Prolog", Springer, Heidelberg, 1981

DeGroot, D., Lindstrom, G.: „Logic Programming, Functions, Relations, and Equations", Prentice Hall, Princeton, 1986

Gianesini, F., Kanoi, H., Pasero, R., von Caneghem, M.: „PROLOG", Addison-Wesley, Reading, 1986

Shapiro, E., Sterling, L.: „The Art of Prolog", MIT Press, 1986

Steele, L.: „Common LISP the Language", Digital Press, 1984

Stoyan, H., Görz, G.: „LISP – eine einführende Übersicht", Springer, Heidelberg, 1984

Wilensky, R.: „LISPcraft", W. W. Norton, New York, 1984

Winston, P., Horn, B.: „LISP", Addison-Wesley, 1984

Andere KI-Gebiete

Barstow, D.: „Knowledge-Based Program Construction", Elsevier North
  Holland, 1979

Michalski, R., Carbonell, J., Mitchell, T. (Eds.): „Machine Learning",
  Bd. I, Springer, Heidelberg, 1984

Michalski, R., Carbonall, J., Mitchell, T. (Eds.): „Machine Learning ",
  vol II, Morgan Kaufman Publishers, Los Altos, 1986

Kritische KI-Literatur

Dreyfus, H. L.: „What Computers Can't Do", Harper and Row, New
  York, 1972

Dreyfus, H. L., Dreyfus, S. E.: „Mind over Machine, The Power of
  Human Intuition and Expertise in the Era of the Computer", The Free
  Press, Macmillan Inc., New York, 1986

Weizenbaum, J.: „Computer Power and Human Reason", W. H. Freeman,
  San Francisco, 1976

Winograd, T., Forbes, F.: „Understanding Computers and Cognition",
  Ablex Publication Corp., Norwood, New Jersey, 1986

Buchreihen

Informatik-Fachberichte, Subreihe KI, Springer, Heidelberg

Künstliche Intelligenz, Vieweg, Braunschweig

Machine Intelligence, University Press, Edinburgh

Research Notes in Artificial Intelligence, Pitman, London & Kaufmann,
  Los Altos

Symbolic Computation – Artificial Intelligence, Springer, Heidelberg

2. Forschung und Lehre in der Bundesrepublik

2.1 Allgemeines

1975 wurde der erste Workshop für Künstliche Intelligenz in Deutschland abgehalten und dann regelmäßig wiederholt [18]. 1981 wurde dieser Workshop zum ersten Mal als offizielle Fachtagung der Gesellschaft für Informatik in Bad Honnef durchgeführt und wird weiterhin jährlich abgehalten [19].

Diese jährlich stattfindende Fachkonferenz hat wesentlich zu dem Aufbau des Gebiets in Deutschland, dem Gedankenaustausch und nicht zuletzt dem persönlichen Kennenlernen der KI-Wissenschaftler beigetragen. Außerdem fand im Rahmen der 10. GI-Jahrestagung 1980 ein erstes Fachgespräch Künstliche Intelligenz statt [20], das auf der GI-Jahrestagung 1982 fortgesetzt wurde [21]. Die GI-Jahrestagung 1985 behandelte das Schwerpunktthema Wissensbasierte Systeme [22] und war auch 1986 stark KI-orientiert [23].

Die Wissenschaftler der KI sind im Fachbereich 1 „Grundlagen der Informatik und Künstliche Intelligenz", Fachausschuß 1.2 „Künstliche Intelligenz und Mustererkennung" innerhalb der Gesellschaft für Informatik organisiert (siehe 1.3). Dieser Fachausschuß gibt einen „Rundbrief der Fachgruppe Künstliche Ingelligenz" heraus, der etwa vierteljährlich erscheint und zu einem wichtigen Informations- und Kommunikationsmittel der deutschen KI-Wissenschaftler geworden ist.

Die ersten Lehrveranstaltungen in Deutschland zur Künstlichen Intelligenz wurden an den Universitäten Bonn und Stuttgart angeboten. Inzwischen gibt es Vorlesungen und Seminare zur KI an fast allen Informatik-Fachbereichen; eine dem Ausland vergleichbare KI-Ausbildung ist jedoch nur an einigen wenigen Universitäten möglich. Ein spezieller KI-Studiengang existiert bisher in Deutschland nicht, wohl aber in den USA und in Großbritannien.

Die folgenden Angaben beruhen auf einer Fragebogenaktion, die wir für diese Broschüre durchgeführt haben. Die Angaben sind bis auf leichte

Kürzungen im wesentlichen wörtlich übernommen worden. Die Darstellung ist in alphabetischer Reihenfolge nach Universitätsstädten bzw. Namen des Forschungsinstituts oder der Firma geordnet. Der Fragebogen wurde an alle Bezieher des KI-Rundbriefs verschickt und ist im Anhang abgedruckt.

2.2 Hochschulen

Universität Bamberg,
Lehrstuhl Psychologie II
Heumarkt 2
8600 Bamberg

A. Lehre

In regelmäßigem Turnus angebotene Vorlesungen:

Denken und Künstliche Intelligenz	2+0, alle 4 Sem.
Formaltheorien zur Gedächtnis-repräsentation	2+0, alle 3 Sem.
Systemtheoretische Aspekte der Psychologie	2+0, alle 2 Sem.

Unregelmäßig angebotene Vorlesungen:

Formale Theorien des Problemlösens   2+0

Seminare:

Jede der o.a. Lehrveranstaltungen wird jeweils durch 1 oder 2 Spezialseminare „unterlegt". Diese Spezialseminare betreffen Teilthemen der jeweiligen Vorlesungen.

Sonstige Ausbildungsangebote:

Studienarbeiten

Diplomarbeiten

Anleitung zur Erstellung von formalen Modellen in der Psychologie unter Rechnerbenutzung.

Scheine:

Seminarscheine für Vordiplom und Hauptdiplom

Integration in Hauptprüfung:

Praktisch nicht gegeben, allenfalls als Teilfach im Bereich „Theoretische Psychologie".

Dozenten:

Prof. Dr. D. Dörner	Problemlösen, Gedächtnis, Heuristische Systeme
Dr. F. Reither	Problemlösen, Denken
Dipl. Psych. T. Stäudel	Denken, Planen, Interaktion von emotionalen u. kognitiven Prozessen

B. Forschung

Projekt: Heuristisches Wissen

In diesem Projekt geht es darum, ein existierendes, allerdings grobes Abbild der menschlichen heuristischen Struktur weiter zu differenzieren.Wir erheben mit verschiedenen Methoden die heuristischen Verfahren, die Versuchspersonen in bestimmten problematischen Situationen verwenden. Dabei geht es z.B. um den Umgang mit unklaren Zielsituationen. Weiterhin geht es um die „Absichtsregulation", d.h. um die Art und Weise, wie Personen, die viele Probleme auf einmal lösen müssen, die Erledigung dieser Probleme koordinieren bzw. sequenzieren. Weiterhin geht es um die Verfahren, die Personen zur Regulation von Zeitdruck einsetzen. Generell geht es um Strategien zur Selbstorganisation des eigenen Verhaltens. Ein grobes Computermodell dieser Organisationsstruktur liegt vor und soll im Laufe des Projektes mehr und mehr verfeinert werden.

Förderung:	DFG-Projekt DO 200/6-1 01.10.1986 bis 30.09.1987
Leitung:	Prof. Dr. D. Dörner, Uni Bamberg, Lehrstuhl f. Psychologie, Tel.: (0951) 402 6460
Mitarbeiter:	A. Duske (Unterstützung bei der Programmierung)
Rechner:	1 SUN 3/50 Workstation
KI-Gebiete:	Heuristisches Suchverfahren, Planverfahren

Projekt: Mikroanalyse

Es geht in diesem Projekt um die Analyse des Verhaltens von Personen beim Umgang mit sehr komplexen computersimulierten Szenarios.

Im einzelnen geht es darum, in welcher Art und Weise sich die Zielsetzungen, die Versuchspersonen verfolgen, entwickeln und im Laufe der Interaktion mit dem System verändern. Weiterhin geht es darum, wie Personen durch Informationsgabe und durch selbständiges Fragen mit der Zeit ein Bild des ihnen zunächst zum großen Teil unbekannten komplexen Systems aufbauen. Weiterhin geht es um die Analyse der Art und Weise, wie Versuchspersonen aus ihrem jeweiligen Bild vom System und aus ihren Zielsetzungen Maßnahmen und Maßnahmenstränge entwickeln (Planverhalten) und durchführen und kontrollieren.

Förderung: DFG-Projekt DO 200/7-1
             01.07.1985 bis 30.06.1987
Leitung: Prof. Dr. D. Dörner, Uni Bamberg, Lehrstuhl für Psychologie
             Tel.: (0951) 402 6460
Mitarbeiter: R. von der Weth
             P. Badke
             U. Reichert
             H. Schaub
             S. Strohschneider
Rechner: 2 SUN 3/50 Workstations
             1 Dietz X3 Rechner
             6 PC (Victor-Sirius)
KI-Gebiete: Cognitive Science, Wissensrepräsentation, Lernen, Heuristische Suchverfahren, Computerspiele

Freie Universität Berlin
Klinikum Steglitz
Medizinische Informatik/ GKZ
Hindenburgdamm 30
1000 Berlin 45
Tel.: (030) 7982841 43

A. Lehre

In regelmäßigem Turnus angebotene Vorlesungen:

Einführung in das Programmieren   2+1, jedes SS/WS
in LISP

Dozenten:

Dr. Ing. C.-M. Hamann   LISP

B. Forschung

Projekt: Maschinelle Intelligenz (MAIN)

Die Startphase des MAIN-Projektes war dem Erlernen (und der Lehre) von LISP gewidmet und führte 1982 zum Erscheinen des ersten deutschsprachigen LISP-Lehrbuches: C.-M. Hamann, Einführung in das Programmieren in LISP, DeGruyter, 2. Aufl. 1984.

Die Fortsetzung des Projektes dient der Grundlagenforschung. Theorien sollen durch (allgemeine) Spielprogramme (z.B. GO) modelliert werden. Insbesondere sollen evolutionsfähige Strukturen entwickelt werden, die Selbstoptimierung, Selbstprogrammierung und Lernen ermöglichen. Langfristiges Ziel des MAIN-Projektes ist der Einsatz von Methoden der Künstlichen Intelligenz in der Medizinischen Informatik.

Förderung: Freie Universität Berlin, seit 1980

Leitung: Dr.-Ing. C.-M. Hamann, Uni Berlin, Klinikum Steglitz, Medizinische Informatik, Tel.: (030) 7982841-43

Mitarbeiter: Prof. Dr.-Ing. P. Köppe
Rechner: SIEMENS 7.541 unter BS 2000, INTERLISP
              IBM-PC/XT
KI-Gebiete: Expertensysteme, Wissensrepräsentation, Lernen, Computer-
              spiele

Freie Universität Berlin
Arbeitsbereich Informationswissenschaft
Malteserstr. 74-100
1000 Berlin 46
Tel.: (030) 7792850-854 -857 -858

A. Lehre

In regelmäßigem Turnus angebotene Vorlesungen:

Wissensorganisation u. -repräsentation	2+0, 3-semestrig
InterLISP I	2+4, 3-semestrig
InterLISP II	2+4, 3-semestrig
InterLISP III	2+2, 3-semestrig
Expertensysteme	2+0, 3-semestrig

Seminare:
    Ausgewählte Probleme bei Expertensystemen
    Optische Repräsentation u. Expertensysteme
Sonstige Ausbildungsangebote:
    Hausarbeiten
    Magisterarbeiten
Scheine:
    Leistungsnachweise im Hauptstudium
Integration in Hauptprüfung:
    Mögliches Thema der Magisterarbeit
    Mögliches Thema der mündlichen Prüfung
    Mögliches Thema der Klausur
Dozenten:

Dr. Ing. R.-D. Hennings	Expertensysteme, InterLISP
Prof. Dr. G. Wersing	Kognitive Strukturen, Folgenabschätzung

B. Forschung

Projekt: Expertensysteme, Wissensakquisition und visuelle Informa-
tionsrepräsentation

In dem Projekt werden eine Reihe von derzeit noch nicht zufriedenstellend
gelösten Ansätzen von Expertensystemen bearbeitet; speziell die Erfassung
von Randgebieten des Wissens (vages Wissen), die Kombination mit
visuellen Repräsentationen und die Verteilung von Wissen auf verschiedene
Experten.

Förderung: Eigenprojekt (Sammeltitel für eine Reihe laufender Arbeiten)

Leitung: Prof. Dr. G. Wersing

Dr.-Ing. R.-D. Hennings

Rechner: InterLISP auf SIEMENS 7550B+D BS 2000

InterLISP-D auf XEROX 1108

KI-Gebiete: Expertensysteme, Cognitive Science, Wissensrepräsentation

Technische Universität Berlin
FB Informatik
Franklinstr. 28/29
1000 Berlin 10
Tel.: (030) 31473211
            31473100

A. Lehre

In regelmäßigem Turnus angebotene Vorlesungen:

Expertensysteme	2+2, jedes WS
Einführung in die Methoden der KI	2+2, jedes WS
Computer Vision I	2+2, jedes WS
Computer Vision II	2+0, jedes SS

Unregelmäßig angebotene Vorlesungen:

Einführung in die Praxis des logischen Programmierens (PROLOG)	2+0
Projekt: Datenbanksysteme für wissensbasierte Systeme	4+2
KI: GPSG-basiertes Parsing	2+0
KI: Parsing-Ansätze mit PROLOG	2+0
Computer Vision: Fortgeschrittene Methoden	2+0
Verarbeitung natürlicher Sprache	2+0
Wissensrepräsentation und Wissens- basisverwaltungssysteme	2+0

Seminare:

Wissensbasierte Systeme	2+0
Lernen/Wissensakquisition	2+0
Computer Vision: Robot Vision	2+0
Computer Vision: Anwendung in der Radiologie	2+0, alternativ jedes Jahr

Sonstige Ausbildungsangebote:

    Projekt: Computerschach

    Projekt: Expertensysteme

    Computer Vision III   4+0, alle 2 Jahre

    (Projekt/Praktikum)

    Studienarbeiten

    Diplomarbeiten

Scheine:

    Seminarscheine

    Übungsscheine

    Prüfungsscheine

    Praktikumsscheine können für das Hauptdiplom anerkannt werden

    studienbegleitende Prüfungen (Klausur, mündl. Prüfung) sind zu allen

    LV'en möglich

Integration in Hauptprüfung:

    Für Computer Vision: Wahlpflichtfach im Hauptstudium

    Fächerkombination z.B. mit Computer Graphics, KI, Robotik

Dozenten:

Prof. Dr. E. Konrad	Expertensysteme, Computerschach
Dipl.-Inform. D. Karagiannis	Wissensbasierte Systeme, Logische Programmierung
Dr. K. v. Luck	Wissensrepräsentation, Wissensbasis-verwaltungssysteme
Dipl.-Inform. B. Nebel	Wissensrepräsentation Wissensbasis-verwaltungssysteme
Dr. K. Morik	Einführung in die KI
Dr. F. Jochum	Wissensbasierte Systeme Information Retrieval
Dr. Ing. H. S. Stiehl	Vision
Dipl.-Inform. H. Neumann	Vision

B. Forschung

Projekt: KIT-LERNER (Modellbildung durch Wissensakquisition und
maschinelles Lernen)

Ziel des Verbundprojekts ist es, den Wissenserwerb für Expertensysteme zu
verbessern. Ziel des Teilprojektes an der TU Berlin ist die Entwicklung von
Verfahren zur Akquisition von regelhaftem Wissen. Dies umfaßt die
Entwicklung von Verfahren zur manuellen, dialoggestützten Übertragung
von regelhaftem Expertenwissen in eine in sich konsistente Wissensbasis
und die Entwicklung von automatischen Wissensakquisitionsverfahren, die
aus beispielhaftem faktuellem Wissen regelhaftes Wissen induzieren. Beide
Verfahren sollen sowohl Regelmodelle verwenden, die die Menge
wohlgeformter und sinnvoller Regeln beschreiben, als auch Metaregeln, die
Verträglichkeitsangaben zwischen Regeln deklarativ darstellen. So sollen
die modellgestützten Ansätze zum maschinellen Lernen in der KI
weiterentwickelt und durch die Zusammenarbeit mit den Verbundpartnern
für beispielhafte, realistische Anwendungsgebiete konkretisiert werden.

Förderung: BMFT, Projektnummer ITW 8501 B1
01.01.1985 bis 31.12.1988

Partner: Technische Universität Berlin
Nixdorf Computer AG, Paderborn
Stollmann GmbH, Hamburg

Leitung: Prof. Dr. H.-J. Schneider, TU Berlin, Institut f. Angewandte
Informatik, Tel.: (030) 31473171

Mitarbeiter: W. Emde
Dr. K. Morik (stellvertretende Projektleiterin)
S. Thieme
St. Wrobel

Rechner: 2 Lisp-Maschinen der Fa. Symbolics

KI-Gebiete: Maschinelles Lernen, Wissensakquisition

Projekt: KIT-BACK (Berlin Advanced Computational Knowledge
                  Representation System) Esprit-Projekt P 311

Das Ziel des Gesamtvorhabens ist die Entwicklung und prototypische
Implementation eines komplexen Systems zur Verwaltung von großen
Daten und Wissensbeständen mit eingeschränktem natürlichsprachlichen
Zugangssystem. Das an der TU Berlin ab dem 01.01.1985 begonnene Teilprojekt hat die Entwicklung und prototypische Implementation eines KBMS
zum Ziel. Hierbei wird ein maschinell handhabbarer Formalismus zur
Repräsentation von Wissen entwickelt, der für den begrifflichen Anteil des
Wissens eine Weiterentwicklung von KL-ONE, für den referentiellen Anteil
eine Weiterentwicklung von dem an der TU Berlin entwickelten Formalismus SRL und für den inferentiellen Anteil eigene, an partitionierten semantischen Netzen orientierte Formalismen beinhalten wird. Besonderer
Schwerpunkt wird die Repräsentation unvollständigen und unsicheren Wissens sein. Durch dieses KBMS soll eine Basis geschaffen werden, die auch
in den weiteren, in der KIT-Projektgruppe angesiedelten Projekten als
Wissensverwaltungssystem und komplexe Inferenzmaschine zur Verfügung
steht.

Förderung: EG (innerhalb des Esprit-Programms), Projekt P 311
                  01.01.1985 bis 30.11.1987

Partner: Nixdorf, Paderborn
                  Bull, Paris
                  Olivetti, Pisa

Leitung: Prof. Dr. H.-J. Schneider, TU Berlin, Institut f. Angewandte
                  Informatik, Tel.: (030) 314 73171

Mitarbeiter: Dr. K. von Luck (stellvertretender Projektleiter)
                  B. Nebel
                  Ch. Peltason
                  A. Schmiedel

Rechner: IBM 4381, Modell 2 mit CMS
                  VAX 11/780 mit Ultrix

KI-Gebiete: Wissensrepräsentation

Projekt: KIT-NATAN (Natürlichsprachliche Anfrageschnittstelle für
verteilte Datenbanksysteme)

Ziel des Projektes ist ein System, das auch dem gelegentlichem Benutzer
den Zugang zu relationalen DB-Systemen ermöglicht. Der Übergang von
der Anfrage in natürlicher Sprache zur DB-Schnittstellensprache erfolgt
durch einen wissensbasierten Transformationsprozeß. Dazu wird zum einen
eine logisch-semantische Zwischenrepräsentation benötigt. In NATAN wird
dafür die Sprache SRL weiterentwickelt. Zum anderen muß für die
automatische Anfragebehandlung regelhaftes Wissen über den Anwendungsbereich und die DB-Struktur bereitgestellt werden, das herkömmliche
Systeme nicht bzw. nicht explizit enthalten (Weltwissen und DB-Meta-
wissen). Für das Parsing wird ein Modell auf der Basis von „Wortartenexperten" entwickelt. Mit Wortartenexperten können die Vorteile des
wortorientierten Links-Rechts-Parsens aus dem Word-Expert-Ansatz auf ein
integriert syntaktisch-semantisches Verfahren übertragen werden, wobei das
Wissen über Wortstämme getrennt vom Wissen über deren Verwendungs-
formen verwaltet werden kann.

Förderung: Nixdorf
             01.01.1984 bis 01.01.1987
Partner: Nixdorf Microprozessor Engineering
Leitung: Prof. Dr. H.-J. Schneider, TU Berlin, Institut f. Angewandte
             Informatik, Tel.: (030) 314 73171
Mitarbeiter: M. Eimermacher (stellvertretender Projektleiter)
             S. Günther
             M. König
Rechner: IBM 4381, Modell 2
KI-Gebiete: Natürlichsprachliche Systeme, Logisches Programmieren,
             Wissensrepräsentation

Projekt: KIT-NASEV (Neue Analyse- und Syntheseverfahren zur
                maschinellen Übersetzung: Einsatz von wissensbasierten
                Verfahren (Parsing und Generierung) bei der maschinellen
                Übersetzung (Begleitforschung zu EUROTRA-D))

Als Ergänzung zu der EUROTRA-Forschung über maschinelle Übersetzung
wird Grundlagenarbeit im Rahmen eines Projektverbundes (Berlin,
Bielefeld, Stuttgart) durchgeführt. In Berlin wird eine formale Grammatik
des Deutschen auf der Basis der Generalized Phrase Structure Grammer
(GPSG) erstellt; dafür wir auch eine entsprechende Software-Umgebung
entwickeln. Der GPSG selbst wird untersucht und verglichen mit anderen
Formalismen für Unifikationsgrammatiken. Probleme des Parsings und der
Generierung in einem automatischen Übersetzungssystem werden aus der
Sicht der KI behandelt.

Förderung: BMFT Förderungskennzeichen 10 13207-1
                 01.04.1985 bis 30.04.1987 (vorläufig)
Partner: Universität Stuttgart
                 Universität Bielefeld
Leitung: Prof. Dr. H.-J. Schneider, TU Berlin, FB Informatik
                 Tel.: (030) 31473171
Mitarbeiter: Dipl.-Inform. St. Busemann
                 Dr. Ch. Hauenschild (stellvertretende Projektleiterin)
Rechner: IBM 4381-2 der TU Berlin
KI-Gebiete: maschinelle Übersetzung, kognitive Linguistik

Projekt: Wissensgestützte Benutzerschnittstellen für Informations-
                systeme (WISBI)

Die meisten z.Z. existierenden Informationssysteme haben eine hohe
Bedienungskomplexität, so daß in der Regel menschliche Experten die
Informationsübermittlung übernehmen müssen. Ziel des Projektes ist die
Verringerung dieser Bedienungskomplexität durch wissensgestützte
Benutzerschnittstellen, um auch gelegentlichen Benutzern direkte Recher-
chen auf verschiedenen Datenbanken ohne Expertenhilfe zu ermöglichen.

Dazu werden, auf System- und Anwendungswissen basierende, Problem-
lösungs- und Planverfahren für die Informationswiedergewinnung entwik-
kelt. Als konkreter Anwendungsbereich dient ein Ausschnitt der Patent-
dokumentation und -Information. Die entwickelten Verfahren werden prototypisch auf Personal Computer implementiert und bzgl. eines Einsatzes für
Patentrecherchen in verteilten Umgebungen mit mehreren externen Datenbanken bei verschiedenen Hosts evaluiert.

Förderung: BMFT Projektnummer 1020407 1
               01.11.1985 bis 31.10.1988
Partner: Deutsches Patentamt München
               Fachinformationszentrum Karlsruhe
Leitung: Prof. Dr. E. Konrad und
               Prof. Dr. H.-J. Schneider
               TU Berlin, Institut für Angewandte Informatik
               Tel.: (030) 314 73488
Mitarbeiter: Dr. F. Jochum (stellvertretender Projektleiter)
               F. Linden
               B. Meißner
               U. Reiner
Rechner: Fachbereichsrechner IBM 4381 unter VM 370 CMS,
               2 Terminals
               4 Personal Computer IBM AT 2
KI-Gebiete: Expertensysteme, Wissensrepräsentation, Planverfahren

Projekt: Entwicklung eines bildverstehenden Systems für Computer-
               tomogramme des Kopfes

Entwicklung eines bildverstehenden Systems für räumliche Bildsequenzen
(von Computertomographie-Geräten) zur Generierung einer 3-dimensiona-
len Repräsentation der Patientenmorphologie für Diagnose- und Therapie-
unterstützung.

Förderung: z. Z. keine Förderung

Partner: informelle Kontakte zu Kliniken in Berlin
Leitung: Dr.-Ing. H. S. Stiehl, TU Berlin, FB Informatik FR 3-3
                Tel.: (030) 314 3223
Mitarbeiter: Studenten
Rechner: VAX 11/750 mit Farb-Rasterscan-System
KI-Gebiete: Computersehen, Wissensrepräsentation

Projekt: Sonderforschungsbereich 203: Rechnerunterstützte Konstruktionsmodelle im Maschinenwesen,
                Teilprojekt C1: Systemarchitektur für Bilddatenverarbeitung

Im Rahmen des SFB-Teilprojektes werden Methoden untersucht und
entwickelt, die es künftig erlauben, von physisch vorhandenen 3-dimensionalen Objekten automatisch rechnerinterne Repräsentationen (Modelle) zu
erzeugen. Schwerpunkte der Arbeit sind:

– Aufbau einer experimentellen Bildaufnahmeumgebung, die es erlaubt,
reproduzierbare Aufnahmebedingungen herzustellen sowie die Komplexität
einer Szene im Hinblick auf Beleuchtungsparameter, Reflektanz-Eigenschaften, Objektzahl, Oberflächenform etc. zu „gestalten".

– Untersuchung und Entwicklung von Methoden früher Verarbeitungsprozesse die zur Erzeugung einer 2-dimensionalen symbolischen Beschreibung des Bildes („primal sketch") beitragen, sowie deren Evaluation im
Hinblick auf ihre Genauigkeit, Aussagekraft etc.

– Untersuchung und Entwicklung von Methoden der Integration verschiedener Prozesse zur Erzeugung einer partiellen Oberflächenbeschreibung des
(der) in der Szene abgebildeten Objekte(s) („shape recovery", „2 1/2-D
sketch").

Förderung: DFG
Leitung: Prof. Dr. H. U. Lemke, TU Berlin, FB Informatik FR 3-3
                Tel.: (030) 314 73100 / 73101
Mitarbeiter: H. Neumann (Grundausstattung)
                A. Koschan (Ergänzungsausstattung)
Rechner: VAX 11/750 VIDEOGRAPH Rastergraphik-System

2 SONY CCD-Kameras mit Bildspeicher, experimentelle Bildaufnahmeumgebung

KI-Gebiete: Computersehen

Technische Fachhochschule Berlin

FB Informatik

Luxemburgerstr. 10

1000 Berlin 65

Tel.: (030) 45041

A. Lehre

In regelmäßigem Turnus angebotene Vorlesungen:

Prädikatenlogik	2, jedes Semester
Programmieren in LISP	2+2,jedes Semester
KI	2+4, jedes Semester

Scheine:

Alle KI-Fächer sind Pflichtfächer.

Integration in Hauptprüfung:

Kann als Prüfungsfach und für Diplomarbeit gewählt werden.

Dozenten:

Prof. Dr. W. Brecht   Allgemeine KI,

Natürlichsprachliche Systeme

B. Forschung

Projekt: Integriertes Datenbanksystem mit natürlichsprachlichen
Dialogmöglichkeiten (IDANDI)

Überführung natürlichsprachlicher Anfragen in formale Anfragen an ein Datenbanksystem. Es handelt sich um ein Experimentier- und Übungssystem.

Förderung: Eigenprojekt an der Technischen FH Berlin

Partner: Eigenprojekt

Leitung: Prof. Dr. W. Brecht, Technische FH Berlin, FB Informatik

Rechner: PDP 11/70, VAX 750

KI-Gebiete: Natürlichsprachliche Systeme, Wissensrepräsentation

Ruhr-Universität Bochum

Sprachwissenschaftliches Institut

Postfach 10 21 48

4630 Bochum 1

Tel.: (0234) 700 5114

B. Forschung

Projekt: Untersuchungen zu realisationsphonologischen Regularitäten
in Sprachsystemen mit geringer Distinktivität

Das Vorhaben soll Regularitäten der Realisationsphonologie des Deutschen so erarbeiten, daß es später als Kernstück eines netzlinguistischen Systems zur automatischen Erkennung gesprochener Sprache dienen kann.

Insbesondere ist es Ziel des Projekts, Reduktionsregeln zur Überführung von Standardformen in Reduktformen und Realisationsregeln zur Überführung von Reduktformen in spezifischer realisationsphonologischer Ausprägungen aufzustellen, die zur Verarbeitung von Äußerungen mit geringer Distinktivität geeignet sind.

Bei der Darstellung der Regularitäten wird die geplante Realisierung der entsprechenden Daten und ihrer regulären Zuordnung in Form von Schaltnetzen und Schaltkreisen von vornherein berücksichtigt.

Förderung: DFG

Sept. 85 bis Sep. 87

Partner: Prof. Dr. Maurice Gross, Universität Paris VII

Leitung: Prof. Dr. Helmut Schnelle, Uni Bochum,

Sprachwissenschaftliches Institut

Tel.: (0234) 700 5114

Mitarbeiter: Dr. Reinhard Köhler

N.N.

Rechner: CYBER 855/830, IBM AT 20 MB

KI-Gebiete: Natürlichsprachliche Systeme

Projekt: Automatische Simulation menschlicher Sprachproduktion und
               -rezeption

Das Ziel des Projektes ist eine automatische Simulation menschlicher
Sprachproduktion und -rezeption. Es werden drei verschiedene Datenberei-
che angenommen: Ein Gedächtnis, ein Bereich von Zwischenstrukturen und
ein Bereich von Texten. Das Gedächtnis besteht aus Konzepten. Es werden
vier Arten von Konzepten angenommen: Eigenschaftskonzepte, Kategorie-
konzepte, individuelle Gegenstandskonzepte und allgemeine Gegenstandskonzepte. Zwischen Eigenschaftskonzepten und Kategoriekonzepten bestehen Beziehungen, beispielsweise temporaler oder kausaler Art. Es werden
vier verschiedene Algorithmen (K, B, E, I) angenommen. Algorithmus K
formt Gedächtnisauschnitte (aktivierte Konzepte) in Zwischenstrukturen
um. Er schließt eine Prüfung der situationellen Voraussetzung ein, die einen
regulierenden Effekt auf den Sprachproduktionsprozeß hat. Der Algorithmus B formt Zwischenstrukturen in Texte um. Umgekehrt formt der
Algorithmus E Texte in Zwischenstrukturen um und führt den Algorithmus
I zu einer Gedächtnismodifikation auf der Grundlage der eingegebenen
Zwischenstruktur.

Förderung: DFG
             01.06.1981 bis 30.05.1985
Partner: Sonderforschungsbereich 100
             „Elektronische Sprachforschung"
             Universität des Saarlandes
             Centre d'Etudes de Psychologie Cognitive
             Université de Paris-Sud
Leitung: Prof. Dr. Udo L. Figge, Uni Bochum,
             Romanisches Seminar, Fakultät f. Philologie
             Tel.: (0234) 700 2630
Mitarbeiter: U. Job, M.A.
             B. Monse, M.A.
Rechner: CYBER 855/830
KI-Gebiete: Natürlichsprachliche Systeme, Wissensrepräsentation

Universität Bonn
Institut für Informatik
Wegelerstraße 6
5300 Bonn 1
Tel.: (0228) 733 419 (Sekr. Abt. 1)

A. Lehre

In regelmäßigem Turnus angebotene Vorlesungen:
   KI I (Suche, Planen)   4+2, alle 4 Sem.
   KI II (Natürliche Sprache)   4+2, alle 4 Sem.
   KI III (Maschinelles Beweisen I)   4+2, alle 4 Sem.
   KI IV (Maschinelles Beweisen II)   4+2, alle 4 Sem.
   Expertensysteme   2+ca.1, jedes WS
Unregelmäßig angebotene Vorlesungen:
   Spezialvorlesungen aus der KI   je ca. 2
   (z.B. Wissensrepräsentation XPS'e
   für die betriebliche Praxis, Planen)
Seminare:
   Proseminar KI (Grundstudium, wechselnde Themen)
   Seminar KI (Themen aus den Grundlagen der KI, je Semester
   wechselnd)
   Seminar Expertensysteme
   Seminar Tutoring-Systeme
Sonstige Ausbildungsangebote:
   Praktikum Prolog
   Arbeitsgemeinschaft KI
   Diplomandenseminar
   Diplomarbeiten
Scheine:
   zu den Übungen der Vorlesungen KI I-IV
   zu den Seminaren

Integration in Hauptprüfung:

KI kann gewählt werden als Vertiefungsgebiet innerhalb der Informatik, in dem eine Diplomprüfung (von vieren) abzulegen ist. Diplomarbeiten in KI sind möglich.

Dozenten:

Prof. Dr. Gerd Veenker   allgemeine KI, Maschinelles
                                          Beweisen

Dr. Peter Schmidt   XPS'e, Tutoring-Systeme

Lehre durch sonstige Mitarbeiter des Instituts (Börding, Hertzberg). Lehraufträge an Mitarbeiter der GMD (z.B. Dr. Hein) und anderer Institutionen (z.B. Dr. Reusch).

B. Forschung

Projekt: SCHUMA (Schulmathematik)

Der Leitgedanke ist, das schulmathematische Wissen auf einem Rechner verfügbar zu machen.

Derzeitige Schwerpunkte sind die halbautomatische Lösung von Textaufgaben und die Präsentation von Textaufgaben mit detaillierter Überwachung ihrer Lösung.

Es werden Expertensystemtechniken eingesetzt.

Mitarbeiter: Dr. Peter Schmitt, Tel.: 8722

                   Diplomanden (ca. 10)

Projekt: SUPRENUM-Teilprojekt Programmierung

Im Rahmen dieses Projektes werden entwickelt:

1) Ein wissensbasiertes Transformationssystem zur halbautomatischen Parallelisierung sequentieller Programme.

2) Ein wissensbasiertes System zur Unterstützung der Entwicklung von Programmen auf der Basis einer very high level Spezifikationssprache für numerische Anwendungen.

Förderung: BMFT
Leitung: Prof. Dr. H. Zima
Mitarbeiter: 6 wissenschaftliche Mitarbeiter
              Diplomanden (ca. 10)

Projekt: Logikprogrammierung

1) Entwicklung eines modularen und transportablen Prolog-Compilers

2) Entwicklung und Implementierung einer Logikprogrammiersprache für einen MIMD-Rechner

Mitarbeiter: J. Engels, Tel.: 8727

Technische Universität Braunschweig

FB 7

Institut f. Nachrichtentechnik

Schleinitzstr. 23

3300 Braunschweig

Tel.: (0531) 3912489

A. Lehre

In regelmäßigem Turnus angebotene Vorlesungen:

    Einführung in die statistische Muster-   2+0, jedes WS

    erkennung

    Sprach- u. Bildverarbeitung   3+0, jedes WS

Seminare:

    Studienseminar f. Nachrichtentechnik

    (teilweise Themen aus der KI)

Sonstige Ausbildungsangebote:

    Entwurfsarbeiten

    Studienarbeiten

    Diplomarbeiten

    Projektmitarbeiten

Scheine:

    Vorlesungen sind Prüfungsfächer (Wahl)

    Scheinerwerb möglich

Integration in Hauptprüfung:

    Vorlesungen gehören zu Studienmodellen

Dozenten:

    Prof. Dr.-Ing. E. Paulus

B. Forschung

Projekt: Analyse von Sprachschall mit Hilfe eines Modells für das
sprachkundige Zuhören (Sprachkompetenzmodell)

Zweck des Forschungsvorhabens ist es, die automatische Spracherkennung
bezüglich einer größeren Sicherheit in der Erkennung gesprochener Texte zu
verbessern. Ausgehend von durchgeführten Arbeiten auf dem Gebiet der
automatischen Spracherkennung soll die Auswertung der Sprachsignale
zusätzlich dadurch unterstützt werden, daß allgemeine Grundkenntnisse
über die verwendete Sprache herangezogen werden. Dies geschieht mit
Hilfe der erwartungsorientierten Analyse, die auf der Beherrschung der
Sprache (Kompetenz) beruht, nicht aber auf Fachwissen über ein gerade
behandeltes Thema aufbaut. Dazu werden Modellvorstellungen untersucht
über die Art und Weise, in der ein kompetenter Zuhörer seine Sprach-
kenntnisse beim aufmerksamen Anhören gesprochener Äußerungen
einsetzt.

Förderung: DFG Projektnummer Pa 207 / 14
Partner: Lehrstuhl für Datenverarbeitung der TU München (Dr. Ruske)
Leitung: Prof. Dr.-Ing. E. Paulus, TU Braunschweig, Institut für
Nachrichtentechnik, Tel.: (0531) 3912489
Mitarbeiter: Dipl.-Inform. J. Mudler
Rechner: PDP 11/70
2 PDP 11/23
Außenstation des Hochschul-RZ
mehrere PCs
KI-Gebiete: Natürlichsprachliche Systeme, Wissensrepräsentation,
Heuristisches Suchverfahren, Spracherkennung/Sprach-
verstehen

Projekt: Entwurf eines Rahmensystems zur Erfassung graphischer
                 Vorlagen

Das Projekt behandelt die automatische digitale Erfassung von graphischen,
insbesondere kartographischen Vorlagen von wechselndem Typ. Die Hard-
ware-Konfiguration ist durch das selbst entwickelte Video Scan System
gegeben. Die Erfassung erfolgt erwartungsorientiert, basierend auf dem
Wissen über den typischen Aufbau des jeweiligen Graphiktyps. Dieses
Wissen wird explizit repräsentiert.

Förderung: DFG Projektnummer Pa 207/18
              01.10.1984 bis vorrauss. 30.09.1088
Partner: Niedersächsisches Landesamt für Bodenforschung, Hannover
Leitung: Prof. Dr.-Ing. E. Paulus, TU Braunschweig, Institut für
              Nachrichtentechnik, Tel.: (0531) 3912489
Mitarbeiter: Dipl.-Inform. Th. Gude
              Dr.-Ing. V. Märgner
Rechner: PDP 11/70
              2 PDP 11/23
              Außenstation des Hochschul-RZ
              mehrere PCs
KI-Gebiete: Computersehen, Wissensrepräsentation

Technische Universität Braunschweig
Institut f. Psychologie
Spielmannstr. 19
3300 Braunschweig
Tel.: (0531) 3913654

A. Lehre

In regelmäßigem Turnus angebotene Vorlesungen:

KI	2+0, jedes WS
LISP	2+2, jedes WS

Unregelmäßig angebotene Vorlesungen:

Produktionssysteme   2+0

Seminare:

Wissensrepräsentation

LISP

Sonstige Ausbildungsangebote:

Studienarbeiten

Scheine:

Scheine für Anwendungsfach Psychologie

Integration in Hauptprüfung:

Integration in Hauptprüfung im Rahmen des Anwendungsfaches
Psychologie

Dozenten:

Prof. Dr. K. F. Wender, Dr. G. Weber

B. Forschung

Projekt: Entwicklung eines intelligenten tutoriellen Systems für
Anfänger in LISP

Entwicklung eines intelligenten LISP Tutors. Der intelligente LISP Tutor soll ein in realen Lernsituationen angewandtes Instrument sein, mit dem Methoden der Wissensdiagnose, die Repräsentation von Wissen und die Wirkung von mentalen Modellen bei der Wissensaufnahme untersucht werden können. Bei der Entwicklung sollen drei Aspekte im Vordergrund stehen, die den Aufbau mentaler Modelle beim Lernenden unterstützen bzw. für die Diagnosekomponente eines „intelligenten Tutors" von zentraler Bedeutung sind.

1) Der Tutor soll eine graphische Unterstützung für Anfänger beim Arbeiten mit Listenstrukturen bieten.

2) Das Lernmodell soll um ein individuelles Langzeitgedächtnis erweitert werden, in dem die Lerngeschichte jedes einzelnen Lerners aufgezeichnet ist.

3) Die Diagnosekomponente soll die Belastung des Arbeitsgedächtnisses des Lernenden analysieren, um adäquate Lern- oder Übungsschritte auswählen zu können.

Förderung: DFG Projektnr. We 498/12 – 11.10.1985 bis 31.09.1986
              (Verlängerung um 2 weitere Jahre geplant)
Leitung: Prof. Dr. K. F. Wender,
              Dr. G. Weber
              TU Braunschweig, Institut f. Psychologie,
              Tel.: (0531) 3913654
Mitarbeiter: G. Waloszek
Rechner: 1 XEROX 1108 LISP
KI-Gebiete: Cognitive Science, Lernen, Wissensrepräsentation

Technische Universität Braunschweig
Institut f. Theoretische u. Praktische Informatik
Abt. f. Betriebssysteme u. Rechnerverbund
Bültenweg 74/75
3300 Braunschweig

A. Lehre

Unregelmäßig angebotene Vorlesungen:
    Mathematische Grundlagen von   4+0
    Expertensystemen
    Statistik mit Fuzzy-Daten   3+1
Seminare:
    Seminar Tutorielle Systeme
Sonstige Ausbildungsangebote:
    Programmierkurs PROLOG
    Programmierkurs LISP
    Studienarbeiten
    Diplomarbeiten
Dozenten:
    Priv. Doz. Dr. R. Kruse   Fuzzy, Expertensysteme
    Th. Kühme   Tutorielle Systeme
    P. Witschital   Tutorielle Systeme
    R. Cordes   Programmiermethoden der KI

Universität Bremen
FB Informatik
Postfach 33 04 40
2800 Bremen
Tel.: (0421) 218 2436

A. Lehre

Unregelmäßig angebotene Vorlesungen:
Robotik	2+1
Logik u. autom. Beweisverfahren	4+2
KI	2+0

Seminare:
Mustererkennung,
lernende Algorithmen,
funktionale und objektorientierte Programmiersprachen
Sonstige Ausbildungsangebote:
Projekt Bildverarbeitung/Mustererkennung
Projekt Robotik
Integration in Hauptprüfung:
Veranstaltungen als Prüfungsfächer in praktischer bzw. theoretischer
Informatik vom Studenten wählbar
Dozenten:

Prof. Dr. Wolfgang Coy	Mustererkennung, Theoretische Fragen der KI, Robotik
Prof. Dr. Claudio Moraga	Robotik, Theoret.Fragen der KI
Prof. Dr. Klaus Haefner	CUU, Gesellschaftliche Auswirkungen der KI

B. Forschung

Projekt: Kamera-Rechner Interface zur Schrifterkennung
Es werden verschiedene Klar-Schrifterkennungsverfahren unter dem Aspekt
der „Lernfähigkeit" von algorithmischen Strukturen untersucht. Parallel
werden andere Anwendungen in der Mustererkennung und Szenenanalyse
untersucht.

Förderung:	BMFT
	1982 bis 1984 (unter dem Namen LeSEr)
Leitung:	Prof. Dr. W. Coy, Uni Bremen, FB Informatik
	Tel.: (0421) 2182731
Mitarbeiter:	Dipl.-Inform. L. Bousiepen
	Dipl.-Ing. Y. Xiao
Rechner:	Zugriff auf VAX 11/750
	PCS QU 68000
	div. PCs
KI-Gebiete:	Computersehen, Lernen, Heuristische Suchverfahren

Hochschule Bremerhaven
Fachbereich 2
Studiengang Systemanalyse
Columbusstraße 2
2850 Bremerhaven
Tel.: (0471) 482 3211

A. Lehre

In regelmäßigem Turnus angebotene Vorlesungen:
    Algorithmen und Programmierung IV
    (Inhalt: u.a. Heuristische Verfahren der
    Programmverifikation)   2+2, jedes SS
    Algorithmen und Programmierung V
    (Inhalt: Logische Programmierung mit
    Prolog; Grundlagen wissensbasierter
    Systeme)   2+2, jedes WS
    Kontrollstrukturen (Inhalt: u.a.
    Suchstrategien)   4+2
Unregelmäßig angebotene Vorlesungen:
    Funktionale Programmierung in LISP
    (erstmals WS 86/87)   2
Seminare:
    Konstruktion und Funktion von
    Expertensystemen
Sonstige Ausbildungsangebote:
    Studentische Projekte, Diplomarbeiten
Scheine:
    Der Schein aus AP V ist Zulassungsvoraussetzung für die Diplom-
    prüfung.
    Der Schein aus AP IV wird als Wahlpflichtfach-Schein für das
    Hauptdiplom anerkannt.

Dozenten:

Prof. Dr.-Ing. F. Belli:	Algorithmen u.Programmierung
Prof. Dr. rer. publ. Dipl.-Ing./ Dipl.-Wirtsch.-Ing. H. Bonin	Modellierung und Programmierung von informationsverarbeitenden Systemen im Anwendungsgebiet öffentliche Verwaltung

Technische Hochschule Darmstadt

FB Informatik

Karolinenplatz 5

6100 Darmstadt

Tel.: (06151) 163 406

A. Lehre

In regelmäßigem Turnus angebotene Vorlesungen:

Expertensysteme	3, jeweils WS
Einsatz wissensgestützter Systeme in der industriellen Praxis	1+1, jeweils SS
Einführung in das Programmieren PROLOG	2+2, jeweils WS
Wissensrepräsentation, semantische Datenmodelle und relationale Datenbanken	2+1, jeweils WS

Unregelmäßig angebotene Vorlesungen:

Künstliches Beweisen	2
Kooperatives Retrieval - Grundlagen und Systementwurf	2+1

(Im Mittel der letzten 2 Jahre: jeweils
1-2 Veranstaltungen/Semester)

Seminare:

Konzepte der Wissensrepräsentation: Frames und Produktionen

Logic programming und PROLOG, Grammatikalische Inferenz

Integration von Datenbanken und Expertensystemen

(Im Mittel der letzten 2 Jahre: jeweils 2 Seminare/Semester)

Sonstige Ausbildungsangebote:

Studienarbeiten, Diplomarbeiten, Praktikum: Parsing natürlicher Sprache

(exemplarisch; mit wechselnden Themen in unregelmäßiger Folge)

Scheine:

Scheine werden für das Hauptdiplom anerkannt

Integration in Hauptprüfung:

werden (entsprechend der jeweiligen Ankündigung) im Rahmen der Prüfungsfächer Informatik I, II, III geprüft

Dozenten:

Prof. Dr. H.-J. Hoffmann   Programmiersprachen und Übersetzer

Dr. Knorz   sprachorientierte KI, Expertensysteme

z.Zt. in Lehraufträgen:

Dr. R. Lutze   Expertensysteme

Dr. H. Marchand   Einsatz wissensgestützter Systeme in der industriellen Praxis

B. Forschung

Projekt: Projekt AUTOCAT – wissensbasiertes Formalerfassungssystem nach INIS-Regeln am Beispiel von Kernzeitschriften des Faches Physik

Das Projekt AUTOCAT soll ein Expertensystem zur automatischen bibliographischen Erschließung von Fachaufsätzen in Physikzeitschriften nach dem Standard des INIS-Erfassungsregelwerkes entwickeln. Es leistet einen Beitrag zur komfortableren Gestaltung der Schnittstelle zwischen den Originalpublikationen (meist des Verlagswesens) und den Informationserzeugnissen (hier: des Fachinformationszentrums Karlsruhe). Wesentlicher Kern des AUTOCAT-Arbeitsprogramms ist die Modellierung von Wissen über Zeitschriftenstrukturen (um dem System Orientierungs- und Interpretationsfähigkeit zu geben) und über die Anwendung des zugrundeliegenden Regelwerks. AUTOCAT soll prinzipiell mit allen für den Anwendungsfall vorkommenden Inputformen (formatierte Daten, Daten für den elektronischen Satz und Ausgabe optischer Leser) zurechtkommen und nach zwei Jahren ein prototypisches (PROLOG-) System entwickelt haben, das für alle auftretenden Problemklassen Lösungen anbietet. Das AUTOCAT-Konzept läßt sich auf andere Dokumenttypen, auf weitere Fachgebiete und andere Regelwerke zur Formalerfassung erweitern.

Förderung: BMFT-Projekt (10200170)
               01.10.1985 bis 30.09.1987
Partner: Fachinformationszentrum Energie Physik Mathematik,
               Eggenstein-Leopoldshafen
               Universität Saarbrücken, Informatik IV
               Fachhochschule Hannover, Fachbereich BID
Leitung: Prof. Dr. B. Endres-Niggemeyer, Fachhochschule Hannover,
               FB BID, Ricklinger Stadtweg 114, 3000 Hannover
               Dr. G. Knorz, Technische Hochschule Darmstadt, FB
               Informatik, Fachgebiet Datenverwaltungssysteme II,
               Tel.: (06151) 162859
Mitarbeiter: P. Müller: Informatik, Wissensrepräsentation, Knowledge
               Engineering
               U. Rauth: Informatik, Wissensrepräsentation, Knowledge
               Engineering
               Ch. Schnellbach: Knowledge Engineering, „ist Fachexperte",
               Datenbankaufbau
Rechner: Siemens 7570 (mit M-PROLOG)
               Siemens PC-D (zwei, jeweils mit M-PROLOG)
               Zugang zu PCS-Cadmus-Rechner
KI-Gebiete: Expertensysteme, Logisches Programmieren, Wissens-
               repäsentation

Projekt: Entwicklung eines assoziativen Textspeichersystems
Umformung von natürlichsprachlichem Text in eine solche kodierte Form,
daß eine konzentrierte Speicherung und/oder eine schnelle elektrische
Übertragung über Datenkanäle möglich wird.

Förderung: DFG, 2 Jahre
Leitung: Prof. Dr.-Ing. W. Hilberg, Technische Hochschule
             Darmstadt, Institut für Datentechnik, Fachgebiet für
             Digitaltechnik, Merckstr. 25, 6100 Darmstadt,
             Tel.: (06151) 163566
Mitarbeiter: J. Meyer
Rechner: VAX 11/780
KI-Gebiete: Natürlichsprachliche Systeme, Lernen, Wissensrepräsentation

Technische Hochschule Darmstadt
Fachbereich 2
Institut für Sprach- und Literaturwissenschaft
Hochschulstraße 1
6100 Darmstadt
Tel.: (06151) 162 597

A. Lehre

Seminare:
   Semantische Strukturen und ihre Darstellung
   Formale Beschreibung der Sprache (u.a.)
Scheine:
   Seminarschein für Magisterprüfung im Fach Germanistik
Integration in Hauptprüfung:
   Informatik wird als Nebenfach zum Hauptfach Germanistik anerkannt
Dozenten:
   Dr.phil. Dipl.-Ing. Gerhard Rahmstorf   Semantik,
                                           Wissensrepräsentation

Universität Dortmund
FB Informatik
Postfach 50 05 00
4600 Dortmund 50
Tel.: (0231) 755 2121/2773 (Dekanat)

A. Lehre

In regelmäßigem Turnus angebotene Vorlesungen:

    Grundbegriffe der KI   2+2, jedes WS

Unregelmäßig angebotene Vorlesungen:

    Funktionale Programmierung   2+2

    Logisches Programmieren   2+2

    Expertensysteme   2+2

Seminare:

    Probleme der Programmiersprachen

    Datenbanken und KI

    Wissensbasierte Systeme

    Arbeitskreis Philosophie und Informatik (in Kooperation mit
Philosophie)

Sonstige Ausbildungsangebote:

    Programmierkurse LISP, PROLOG, SMALLTALK

    2-semestrige Projekte über

    – Deduktive Datenbanken

    – Wissensbasierte VLSI-Entwurfswerkzeuge

    – Medizinische Diagnoseunterstützung (f. Informatikstudenten mit
Nebenfach Medizin)

    Diplomarbeiten, auch in Kooperation mit Anwendern in Naturwissen-
schaften, Technik, Büro und Medizin

Scheine:

    Seminare

    Projektgruppen

Integration in Hauptprüfung:
  als Vertiefungsfach
Dozenten:

Prof. Dr. A. B. Cremers	Grundbegriffe, Programmie-
(Lehrstuhl f. Informationssysteme)	rung, deduktive Datenbanken,
	wissensbasierte Systeme
Prof. Dr. H. Ganzinger	SMALLTALK, PROLOG
(Lehrstuhl f. Programmiersprachen)	
Prof. Dr. B. Reusch	Anwendungen beim VLSI-
(Lehrstuhl f. Schaltwerktheorie)	Entwurf
Prof. Dr. H. Weber	Werkzeuge für das Software-
(Lehrstuhl f. Softwaretechnologie)	Engineering

B. Forschung

Projekt: Integration logischer Programmierung und relationaler
           Datenbanken

Gegenstand der Untersuchungen sind solche Programmiersysteme für wissensbasierte Anwendungen, welche aus einer Integration von Datenbanktechnologie und einer Inferenzkomponente hervorgehen, wobei letztere im wesentlichen auf logischer Programmiertechnik beruht.

Projektlinien sind:

1) Definition von Anforderungen an Architekturen für die Integration, Entwicklung einer prototypischen Architektur

2) Studium grundlegender Probleme verteilter und sehr großer Systeme

3) Entwicklung von Werkzeugen für die Konstruktion und Anwendung wissensbasierter Systeme (Metawissen)

Förderung: ESPRIT-Projekt 530 (Advanced Information Processing),
             15.11.1984 bis 15.11.1987
             MWF NRW, 01.01.1985 bis 31.12.1987
Partner: Universitäten Grenoble, Lyon, Pisa
             deutsche und italienische Software-Unternehmen

Leitung:	Prof. Dr. Armin B. Cremers
	Lehrstuhl Informatik VI, FB Informatik, Uni Dortmund,
	Postfach 50 05 00, 4600 Dortmund 50
	Tel.: (0231) 755 2643-2116
Mitarbeiter:	Dipl.-Inform. G. Domann
	Dipl.-Inform. J. Freitag
	Dipl.-Inform. M. Rohen
Rechner:	2 SUN-Systeme
KI-Gebiete:	Expertensysteme, Deduktionssysteme, Logisches Programmieren, Wissensrepräsentation, Heuristische Suchverfahren, Nichtmonotone Logiken

Universität -Gesamthochschule- Duisburg
Audiovisuelles Medienzentrum (AVMZ)
Postfach 10 16 29
4100 Duisburg 1
Tel.: (0203) 379 2603

A. Lehre

In regelmäßigem Turnus angebotene Vorlesungen:
    KI im Lehr-/Lernbereich   2+0, jedes SS
    Einführung in KI   2+0, jedes SS
    Expertensysteme   2+0, jedes WS

Sonstige Ausbildungsangebote:
    Aufbau einer Sammlung von Medienmaterialien zur KI-Ausbildung (Dias, Filme, Video-Vorlesungen, Programme etc.)
    Einrichtung entsprechender Medien-Arbeitsplätze und Computerterminals für Studenten, Dozenten und externe Nutzer

Dozenten:
    Dr.-Ing. U. Kling   allgemeine KI,
                                    Expertensysteme,
                                    KI im Lehr-/Lernbereich

B. Forschung

Projekt: Expertensysteme auf Mikrocomputer für Lehr- und Lernzwecke (MEXSY)

Ziel des Projekts MEXSY ist erstens die Erarbeitung eines systematischen Überblicks über das derzeitige Angebot von Expertensystemen bzw. -shells – insbesondere von Implementationen auf Mikrocomputern – hinsichtlich ihrer Verwendbarkeit zu Lehr-/Lernzwecken im Bildungsbereich wie auch am Arbeitsplatz. Zweites, praktisches Projektziel ist die Prototyp-

Entwicklung eines derartigen Lehr-/Lern-„Mikro-Expertensystems (MES)";
dazu soll auf vorhandene MESe, -shells und -werkzeuge zurückgegriffen
werden. Folgende Teilaufgaben sind vorgesehen:

a) Entwicklung einer Systematik (Klassifikation) für MESe bzgl. Art und
Ausprägung der für Lehr-/Lernzwecke relevanten Systemfunktionen.

b) Aufarbeitung veröffentlichter Knowledge-Engineering-Methoden; deren
Abhängigkeiten von ES-Typen, Aufgabenstellungen, Wissensstruktur-
Merkmalen etc.

c) Entwicklung eines konkreten MESs als Diagnose- und/oder Testgerät für
Studenten – etwa zur Vorbereitung auf einen Praktikumsversuch im natur-
oder ingenieurwissenschaftlichen Bereich.

Förderung:	MWF, (NRW)
	01.04.1986 bis 31.12.1987
Leitung:	Dr.-Ing. U. Kling, Uni Duisburg, AVMZ
	Tel.: (0203) 379 2777
Mitarbeiter:	Dipl.-Psych. V. Bourrée (1/3)
	Dr. I. Meyer (1/3)
	Dipl.-Ing. D. Wildenberg (1/3)
	N.N.
Rechner:	1 CADMUS 9230, 2 IBM PC
KI-Gebiete:	Expertensysteme, Cognitive Science

Universität -Gesamthochschule- Duisburg
FB Wirtschaftsinformatik
Postfach 10 16 29
4100 Duisburg 1
Tel.: (0203) 379 2623

A. Lehre

In regelmäßigem Turnus angebotene Vorlesungen:
    Einführung in die KI   2+0, jedes SS
Unregelmäßig angebotene Vorlesungen:
    Expertensysteme   2+0
    Heuristische Suchverfahren   2+0
Dozenten:
    Prof. G. Meier   Heuristische Suchverfahren
    Dr. U. Kling   Expertensysteme

Universität Duisburg
FB Elektrotechnik/Datenverarbeitung
Bismarckstraße 81
4100 Duisburg 1
Tel.: (0203) 379 2729

A. Lehre

In regelmäßigem Turnus angebotene Vorlesungen:

Expertensysteme   2+1, jedes WS

Sonstige Ausbildungsangebote:

Praktikum Programmieren in LISP

Studienarbeiten

Diplomarbeiten

Integration in Hauptprüfung:

Als Wahlfach innerhalb der Vertiefungsrichtung Technische Informatik

Dozenten:

Prof. Dr.-Ing. W. Geisselhardt   Datenverarbeitung

Prof. Dr. rer. nat. G. Zimmer   Elektronische Bauelemente und

Schaltungen

B. Forschung

Projekt: Expertensystem für die Fehlerdiagnose in mikroelektronischen
                 Schaltungen und Systemen

Aufbau eines Expertensystems für die Fehlerdiagnose in mikroelektronischen Schaltungen und Geräten. Am Anfang des Projektes steht die
strukturelle und funktionelle Beschreibung auf Gatterebene und dementsprechend auch die Diagnose auf dieser Ebene. Als praktische Anwendung
ist der Mikroprozessor 80 85 oder Ausschnitte desselben vorgesehen, für
den am Lehrstuhl sowohl ein Softwaremodell auf Gatterebene innerhalb des

LASAR-Softwarepaketes als auch eine Hardwareemulation mit SSI-, MSI-
und LSI-Elementen existiert. Die Diagnose beschränkt sich zunächst auf
Stuck- und Kurzschlußfehler. Im weiteren Verlauf ist die Einbeziehung von
MOS-typischen Fehlermodellen geplant.

Förderung: Teilförderung vom MWF des Landes NW
Leitung: Prof. Dr.-Ing. W. Geisselhardt, Uni Duisburg,
              FB Elektrotechnik/Datenverarbeitung
              Tel.: (0203) 379 2729
Mitarbeiter: Dipl.-Ing. J. Prang
Rechner: VAX 11/750, PCS-CADMUS 9000
KI-Gebiete: Expertensysteme

Universität Eichstätt
Luitpoldstr. 1
8078 Eichstätt
Tel.: (08421) 20 342

A. Lehre

In regelmäßigem Turnus angebotene Vorlesungen:
    Einführung in die Linguistische
    Datenverarbeitung   2, jedes Semster
Unregelmäßig angebotene Vorlesungen:
    Algorithmische Satzanalyse   2
Seminare:
    LISP; PROLOG
Dozenten:
    Prof. Dr. Wolfgang Huber   Deutsche Sprachwissenschaft

B. Forschung

Projekt: PLL (Programming Language for Linguistics)
PLL ist eine LISP-ähnliche Programmiersprache zur Formulierung linguistischer Fragestellungen. Besonders unterstützt werden morphologische Analysen durch eine Reihe geeigneter Funktionen zur Bearbeitung von String-
daten; ATN-Grammatiken; Attributierung von ATN-Grammatiken. In der
Sprache können parallele Prozesse definiert werden, die sich auf verschiedenen Programmebenen abarbeiten lassen.

Leitung: Prof. Dr. W. Huber, Uni Eichstätt, Tel.: (08421) 20342
Mitarbeiter: U. Fischer (ATN)
Rechner: CP/M (Sharp 3500), MS-DOS (Olivetti M 24)
KI-Gebiete: Natürlichsprachliche Systeme

Projekt: ATATÜRK

ATATÜRK ist ein Frage-Antwort-System über die türkische Sprache (Morphologie, Syntax). In PLL geschriebene Programme führen morphologische Analysen, türkische Substantive und ATN-Zerlegungen türkischer Sätze durch und verwenden die Ergebnisse zur Beantwortung von Fragen. Späterer Einsatz von Lernsystemen ist geplant.

Förderung: geplanter Abschluß: Dez. 1986
Leitung: Prof. Dr. W. Huber, Uni Eichstätt, Tel.: (08421) 20342
Mitarbeiter: Mustafa Kemal Cobanoglu: Morphologie
               Süeda Yüksel: Syntax
Rechner: CP/M (Sharp 3500)
KI-Gebiete: Natürlichsprachliche Systeme

Projekt: Simulation von Gesprächsverhalten bei Vorgängen des
                 Erklärens

Auf einer Rechenanlage werden Gesprächssituationen künstlich erzeugt und mit tatsächlichen Gesprächsverläufen zum selben Gegenstand verglichen.

Förderung: DFG, geplanter Abschluß: Mai 1986
Leitung: Dr. W. Sucharowski
Rechner: IBM PX
KI-Gebiete: Natürlichsprachliche Systeme

Fachhochschule Ostfriesland

Constantinplatz 4

2970 Emden

Tel.: (04921) 807328

A. Lehre

In regelmäßigem Turnus angebotene Vorlesungen:

Funktionale Programmierung	4+2, jedes WS
Logik und Verifikationsmethoden	4+2, jedes WS
KI	4+2, jedes WS

Unregelmäßig angebotene Vorlesungen:

Expertensysteme	4+2
Schaltungsentwurf	4+2

Seminare:

Prolog

Lisp

Sonstige Ausbildungsangebote:

Diplomarbeiten

Scheine:

Labornachweis

Integration in Hauptprüfung:

studienbegleitende Prüfungen bis zu 8 SWS

Dozenten:

Dr.-Ing. E. Matull	Allgemeine KI
Dr.-rer.nat. U. Schmidtmann	Allgemeine KI
Dr.-phil. K.H. Siemsen	Allgemeine KI

Universität Erlangen-Nürnberg

Lehrstuhl für Informatik 5
Martensstraße 3
8520 Erlangen
Tel.: (09131) 857 774

A. Lehre

In regelmäßigem Turnus angebotene Vorlesungen:

Mustererkennung 2	4, jedes SS
Einführung Wissensrepräsentation	3, jedes SS
Assoziative Netzwerke	2, jedes WS
Automatische und interaktive Systeme	4, jedes SS

Unregelmäßig angebotene Vorlesungen:

Pro Semester werden ein Seminar und ein Hauptseminar aus dem Bereich der KI angeboten. Beispiele aus den letzten Semestern sind:

– Bildverarbeitung

– Benutzeroberflächen in Expertensystemen

– Kontrollalgorithmen und Bewertungsfunktionen

– Wissensrepräsentationstechniken

Sonstige Ausbildungsangebote:

Studienarbeiten, Diplomarbeiten

Scheine:

Seminar- und Übungsscheine im Haupt- und Grundstudium anerkannt

Integration in Hauptprüfung:

KI innerhalb des Prüfungsfachs Mustererkennung (bis zu 3 SWS) oder des Vertiefungsfachs Mustererkennung (bis zu 8 SWS)

Dozenten:

Prof. Dr. H. Niemann	KI in der Mustererkennung und Musteranalyse
Dr. G. Sagerer	Verstehen gesprochener Sprache, Wissensrepräsentation

B. Forschung

Projekt: Stufenweise syntaktische Analyse mit integrierter Bewertung
für die kontinuierliche Spracherkennung

Das Ziel des Vorhabens ist die Entwicklung eines Programmsystems, das in mehreren Stufen mit zunehmender Verfeinerung eine syntaktische Analyse für die kontinuierliche Spracherkennung liefert. Im Unterschied zur Syntaxanalyse von gedruckten Texten ist bei der sprecherunabhängigen Erkennung kontinuierlich gesprochener Sprache zu berücksichtigen, daß an jeder Position mehrere alternative Worthypothesen angeboten werden und daß in manchen Fällen das richtige Wort unter diesen Hypothesen überhaupt nicht vertreten ist. In mehreren Stufen sollen daher immer längere Wortketten aufgebaut, die Zwischenergebnisse bewertet und nur für die besten die vollständige syntaktische Struktur ermittelt werden. Bei Lücken sind top-down Hypothesen zu bilden.

Förderung: DFG, 01.07.1984 bis 30.06.1986
(Verlängerung um ein Jahr wird beantragt)
Leitung: Prof. Dr.-Ing. H. Niemann, Uni Erlangen-Nürberg
Mitarbeiter: Dr.-Ing. A. Brietzmann
Rechner: VAX 11/730
CADMUS 9230
KI-Gebiete: Sprachverstehen, Syntaxanalyse

Projekt: Integration des Ansatzes der semantischen Netze und der
Produktionensysteme zu einer aktiven hierarchischen Struktur
für die Musteranalyse

In diesem Vorhaben soll eine Wissensstruktur für die Musteranalyse spezifiziert und realisiert werden, welche Vorteile der semantischen Netze, nämlich übersichtliche und hierarchische Strukturierung sowie wohldefinierte Syntax, und der Produktionensysteme, nämlich unabhängige Erweiterbarkeit und aktive Vorbereitungsalgorithmen, kombiniert. Dafür soll ein bidirektionaler Kontrollalgorithmus spezifiziert werden. Zur Demonstration der Tragfähigkeit des Ansatzes soll Wissen über einen Ausschnitt zeit-veränderlicher dreidimensionaler Objekte der Umwelt konkret repräsentiert werden. Die Frage ist zu prüfen, ob eine einheitliche Wissensstruktur für die Bild- und Sprachanalyse nutzbar ist.

Förderung:	DFG, 01.07.1984 bis 30.06.1986
	(Verlängerung um ein Jahr wird beantragt)
Leitung:	Prof. Dr.-Ing. H. Niemann, Uni Erlangen-Nürnberg
Mitarbeiter:	Dipl.-Inform. W. Eichhorn
Rechner:	CADMUS 9230
KI-Gebiete:	Musteranalyse, Wissensrepräsentation

Projekt: Suchstrategien zur Worthypothesengenerierung

In dem Vorhaben werden Suchstrategien untersucht und entwickelt, die bei der Worthypothesengenerierung ein robustes Verhalten gegen Klassifi-kations- und Segmentierungsfehler in vorgeschalteten Modulen zeigen. Im Deutschen übliche Aussprachevarianten werden berücksichtigt, jedoch keine Dialekte. Bei der Erkennung soll zwischen Stamm und Endung unterschie-den und Sprachpartikel gesondert behandelt werden. Ein Experimentier-system zur Beurteilung der gewählten Strategien wird aufgebaut.

Förderung:	BMFT Verbundvorhaben
Partner:	AEG Forschungsinstitut Ulm
Leitung:	Prof. Dr.-Ing. H. Niemann, Uni Erlangen-Nürnberg
Mitarbeiter:	Dipl.-Inform. S. Kunzmann
Rechner:	VAX 11/730
KI-Gebiete:	Sprachverstehen, Worthypothesengenerierung

Projekt: Entwicklung eines Kontrollalgorithmus mit zugehörigen Bewertungsfunktionen für ein wissensbasiertes System mit mehreren unabhängigen Moduln zum Führen von Dialogen in kontinuierlich gesprochener Sprache

Das Ziel des Vorhabens ist die Spezifikation, Realisierung und experimentelle Beurteilung eines zulässigen Kontrollalgorithmus für ein System mit mehreren unabhängigen Moduln, die in ihren Verarbeitungsergebnissen untersucht werden, die die Zulässigkeit von Kontrollalgorithmen garantieren. Darüberhinaus muß eine akzeptable Performanz und Komplexität der Kontrollstrategien gewährleistet bleiben. Die Kontrolle soll den Analyseprozeß flexibel steuern und mehrere Bewertungsfunktionen zum Erreichen einer ausgewogenen Qualitäts-Komplexitäts-Charakteristik verwenden. In dem betrachteten System sind insbesondere Qualität, Unsicherheit und Priorität von Hypothesen einzelner Moduln von Bedeutung.

Förderung: DFG, 01.07.1985 bis 30.06.1986 (Verlängerung beantragt)
Leitung: Dr.-Ing. G. Sagerer
              Prof. Dr.-Ing. H. Niemann, Uni Erlangen-Nürnberg
Mitarbeiter: Dipl.-Math. E.G. Schukat-Talamazzini
Rechner: VAX 11/730
KI-Gebiete: Sprachverstehen, Kontrolle

Projekt: Symbolische Betonungsbeschreibung des Sprachsignals und Topic-Focus-Analyse

In dem Vorhaben werden Algorithmen zur Extraktion prosodischer Merkmale, geeigneter Lexikonstrukturen und semantische Analyse zur Topic-Focus Ermittlung untersucht. Aus dem Sprachsignal sollen sprecherunabhängige Lautheits- und Prosodiemerkmale extrahiert werden und damit eine sprecherunabhägige Intonationsbeschreibung auf symbolischer Basis bestimmt werden. Eine für die Worthypothesengenerierung geeignete Lexikonstruktur mit phonetischen, syntaktischen, semantischen und pragmatischen Einträgen wird entwickelt. Ein Regelinventar zur Unterscheidung von Topic und Focus wird erstellt.

Förderung: BMFT Verbundvorhaben
              01.01.1985 bis 31.12.1987
Partner: Siemens ZTI München
Leitung: Prof. Dr.-Ing. H. Niemann, Uni Erlangen-Nürnberg
Mitarbeiter: Dipl.-Inform. U. Ehrlich
              Dipl.-Inform. E. Nöth
Rechner: VAX 11/730
KI-Gebiete: Sprachverstehen, Prosodie, Semantik

Projekt: Analyse von Grauwertbildern dreidimensionaler Objekte und
              Szenen im industriellen Bereich

Innerhalb des Projektes PAP wird der Bereich Mustererkennung mit dem
Ziel der Entwicklung eines Systems für die automatische Analyse dreidimensionaler Objekte und Szenen aus dem industriellen Bereich bearbeitet. Ziele sind die Erstellung geeigneter Segmentierungsverfahren, die
Wissensrepräsentation für dreidimensionale Szenen und die Bereitstellung
von Hilfsmitteln für den Wissenserwerb.

Förderung: Projekt PAP
              16.01.1985 bis 16.01.1988
Partner: Lehrstühle für Informatik 4, 6, 7
              Lehrstuhl für Fertigungsautomatisierung und Produktions-
              systematik
              Lehrstuhl für Fertigungstechnologie
              Siemens UB E
Leitung: Prof. Dr.-Ing. H. Niemann, Uni Erlangen-Nürnberg
Mitarbeiter: Dipl.-Phys. H. Brünig
              Dipl.-Inform. S. Schröder
Rechner: VAX 11/750
KI-Gebiete: Bildanalyse, industrielle Szenen

Universität Erlangen-Nürnberg
RRZE (Zentrale Einrichtung)
Martensstraße 1
8520 Erlangen
Tel.: (09131) 857 031

A. Lehre

In regelmäßigem Turnus angebotene Vorlesungen:
Einführung in die symbolische
Informationsverarbeitung: LISP   2+2, jedes SS
Unregelmäßig angebotene Vorlesungen:
LISP II: Programmiertechniken und
Implementation   2+2, geplant für WS
Seminare:
abwechselnd: Proseminar Automatische Sprachverarbeitung –
Seminar KI-Programmiersprachen
Sonstige Ausbildungsangebote:
Studienarbeiten, Diplomarbeiten
Scheine:
LISP; Seminarscheine
Integration in Hauptprüfung:
LISP I wird im Grundstudium für den Bereich „Angewandte Informatik" angerechnet
Dozenten:
Günther Görz   Symbolische Informationsverarbeitung, Wissensrepräsentation, Natürlichsprachliche Systeme

Johann Wolfgang Goethe-Universität

FB Informatik
Dantestraße 9
6000 Frankfurt/Main
Tel.: (069) 798 8250

A. Lehre

Unregelmäßig angebotene Vorlesungen:
    Expertensysteme I + II   4+2
    Natürlichsprachliche Systeme   2
    Verfahren der Wissensrepräsentation   2
    Wissensbanken   2
Seminare:
    Deduktive Systeme   2
    Computergestützte Teamarbeit   2
    Konzepte funktionaler Programmier-
    sprachen   2
    Neuere Typkonzepte   2
Sonstige Ausbildungsangebote:
    Praktikum Expertensysteme
Scheine:
    Seminar- und Praktikumsscheine in Hauptstudium
Dozenten:

Prof. Dr. Matthias Jarke	Optimierung deduktiver Datenbanksysteme, verteilte Entscheidungen, Wissensbankentwurf
Prof. Dr. Joachim W. Schmidt	Programmiersprachen für Fakten- und Regelbanken
Dr. Volker Linnemann	Deduktive Datenbanksysteme
Stefan Böttcher	Beweiser in Datenbanken
Gerhard Ritter	Erklärungskomponenten in Wissensbanken

Thomas Rose	Implementierung deduktiver Datenbanken
Dr. Peter Trum	Expertensysteme (Lehrauftrag)
Dr. Thomas Christaller	Natürlichsprachliche Systeme (Lehrauftrag)

B. Forschung

Projekt: ESPRIT-Projekt 892 DAIDA:

Development of Advanced Interactive Data-intensive Applications

Es wird versucht, Sprachen, Modellierungswerkzeuge und Umgebungen für den wissensbasierten Datenbankentwurf von der Anforderungsanalyse durchgehend bis zur Programmierung zu integrieren. Auf der einen Seite stehen dabei Fragen der Wissensrepräsentation für die verschiedenen Entwurfsphasen im Vordergrund, auf der anderen Seite die dynamische Entwicklung als Abfolge interdependenter Entscheidungen mit Hilfe von truth maintenance and machine learning-Methoden. Hauptimplementierungswerkzeuge sind PROLOG, die Datenbankprogrammiersprache DBPL und die Entwurfssprachen CML und TAXIS.

Förderung:	EG
	1986 bis 1989
Partner:	SCS, Hamburg
	GFI, Paris/ Frankreich
	BIM, Everberg/ Belgien
	J.W. Goethe Universität Frankfurt
Leitung:	Prof. Dr. M. Jarke, Uni Frankfurt, FB Informatik
	Tel.:(069) 7988250
Mitarbeiter:	Th. Rose
	G. Ritter
	2 NN

Rechner: SUN Workstations
              Netz von μVAX
              IBM-PC-AT
KI-Gebiete: Expertensysteme, Lernen, Wissensrepräsentation

Fachhochschule Frankfurt/Main
FB Feinwerktechnik
Studiengang Ingenieur Informatik
6000 Frankfurt
Tel.: (069) 1533216

A. Lehre

In regelmäßigem Turnus angebotene Vorlesungen:
Expertensysteme   ab WS 86/87
Dozenten:
Dr. Sokolowsky

B. Forschung

Projekt: Untersuchung des Marktes für Expertensysteme

Partner: Vieweg
             Diebold
Leitung: Dr. Sokolowsky, FH Frankfurt, FB Feinwerktechnik
             Tel.: (069) 1533267/257
Mitarbeiter: fünf Studenten
Rechner: DEC-Rechner
KI-Gebiete: Expertensysteme

Fachhochschule Fulda

FB Angewandte Informatik u. Mathematik

Marquardstr. 35

6400 Fulda

Tel.: (0661) 601081

A. Lehre

In regelmäßigem Turnus angebotene Vorlesungen:

Expertensysteme	4, jährlich
Programmieren in PROLOG	4, jährlich
Einführung in KI	4, jährlich

Scheine:

Zur Hauptdiplom-Prüfung sind 2 bzw. 3 Wahlpflichtscheine vorzuweisen.

Integration in Hauptprüfung:

Wahlpflicht innerhalb des Hauptstudiums

Dozenten:

Prof. G. Fuchs   Dialogsysteme, PROLOG,
                                        Software Engineering

Fachhochschule Furtwangen

FB Allgemeine Informatik, FB Wirtschaftsinformatik
Gerwigstraße 11
7743 Furtwangen
Tel.: (07723) 656 1 (Zentrale)

A. Lehre

In regelmäßigem Turnus angebotene Vorlesungen:
    Mathematische Logik   2+0, jedes Semester
Unregelmäßig angebotene Vorlesungen:
    Einführung in die KI   2+2
    Programmieren in PROLOG   2+2
    (mit Praktikum)
    Programmieren in LISP   2+2
    (mit Praktikum)
    Grundlagen von Expertensystemen   2+0
    Entwicklung und Anwendung von
    Expertensystemen   4+0
    Robotik   2+0
    Prädikatenkalkül und KI-Logiken   2+0
    Mustererkennung   2+0
Seminare:
    Seminar Smalltalk   2
    Seminar Natürlichsprachl.Systeme   2
    Seminar Philosophische Grundlagen
    der KI   2
    Seminar Cognitive Science   2
    Workshop Formale Methoden
    der Systementwicklung   4
Sonstige Ausbildungsangebote:
    Diplomarbeiten

Scheine:

Alle Leistungsnachweise der Vorlesungen und Seminare werden im Fachbereich Allgemeine Informatik und im Fachbereich Wirtschaftsinformatik anerkannt.

Integration in Hauptprüfung:

Die Integration geschieht über die vom Studenten frei wählbaren 24 Wochenstunden Wahlpflichtfächer im Hauptstudium.

Dozenten:

Prof. Dr. W. Bauer

Prof. Dr. W. Bischoff

Prof. Dipl.-Math. G.Böhme

Prof. Dipl.-Ing. H. Kernler

Prof. Dr. D. Pflügel

Prof. Dr. H. Schwegler

Prof. Dr. H.-B. Seiler

Prof. Dr. G. Unruh

Justus-Liebig Universität Gießen
FB 12 – Mathematik
Arndtstr. 2
6300 Gießen
Tel.: (0641) 7022530

A. Lehre

Unregelmäßig angebotene Vorlesungen:

    Einführung in LISP und PROLOG   2
    an einfachen Bsp. der KI
    Einführung in die Programmiersprache 2
    PROLOG
    PROLOG für Fortgeschrittene   2
    Einführung in das Programmieren   2+ Übungen
    mit LOGO

Integration in Hauptprüfung:

Informatik wird bisher nur im Rahmen eines Ergänzungsstudiums angeboten. Für das Abschlußzeugnis dieses Ergänzungsstudiums kann ein Schein über Programmiersprachen aus dem Bereich der KI angerechnet werden.

Dozenten:

    Prof. Dr. G. Holland

Fernuniversität GHS Hagen
Praktische Informatik I
Feithstraße 140
5800 Hagen
Tel.: (02331) 804 2975

A. Lehre

In regelmäßigem Turnus angebotene Vorlesungen:
    Logic and Databases   2+1
    Weitere Kurse in Vorbereitung
Seminare:
    Seminare aus dem Bereich Expertensysteme,
    Logische Programmierung
Sonstige Ausbildungsangebote:
    Diplomarbeiten
Scheine:
    Anerkennung der Scheine für das Hauptdiplom
Dozenten:
    Prof. Dr. Gunter Schlageter   Expertensysteme

B. Forschung

Projekt: Expertensysteme und Datenbanken
Bisherige Schwäche von Expertensystemen: Arbeiten mit großen Fakten-
basen. Deshalb notwendig: Integration von Expertensystemen und Datenbanksystemen. Im Projekt werden Möglichkeiten hierfür untersucht und
geeignete Realisierungen entwickelt.

Förderung: Spitzenforschungsmittel des Landes NRW
                  BMFT (Kooperation Firma itb)

Partner:	Firma itb, Westfalendamm 104, 4600 Dortmund
	Firma Nixdorf Computer AG, Fürstenallee 7-11,
	4790 Paderborn
Leitung:	Prof. Dr. Gunter Schlageter, Fernuni Hagen,
	Praktische Informatik I
	Tel.: (02331) 804 2975
Mitarbeiter:	Rainer Unland
	Michael Rieskamp-von der Warth
	Renate Meyer
Rechner:	SUN Workstations
	Nixdorf (geplant)
KI-Gebiete:	Expertensysteme, Wissensrepräsentation

Universität Hamburg

FB Informatik

Schlüterstr. 70

2000 Hamburg 13

Tel.: (040) 4123 4137

A. Lehre

In regelmäßigem Turnus angebotene Vorlesungen:

Wissensbasierte Systeme	2+0, alle 2 Semester
Künstliche Intelligenz	4+0, alle 2 Semester
Wissensrepräsentation	3+0, alle 2 Semester
Bildverarbeitung	3+0, alle 2 Semester
Mustererkennung	2+0, alle 2 Semester
Praktikum zur Bildverarbeitung	4+0, jedes Semester

Unregelmäßig angebotene Vorlesungen:

KI-Programmiersprachen	2+0
Deduktive Logik	2+0
Nichtstandard Logiken	2+0
Architektur wissensbasierter Systeme	2+0
Lernen und Wissensakquisition	2+0
Epistemologische Grundlagen	2+0
Industrielle Bildverarbeitung	2+0
Robotik	2+0
Bildverstehen	2+0
Parsing und Grammatikmodelle	2+0

Semantische und pragmatische	
Verfahren	2+0
Textgenerierung	2+0
Anwendungssysteme	2+0

Integration in Hauptprüfung:

Wissensbasierte Systeme ist Grundvorlesung für alle Informatik-Studenten. Es gibt die drei Vertiefungsmöglichkeiten Wissensrepräsentation, Bildverarbeitung und Sprachorientierte KI mit jeweils 12 Pflicht-SWS.

B. Forschung

Projekt: Sprachliche Steuerung der Bildanalyse

Eine natürlichsprachliche Anfrage soll zur top-down Steuerung der Bildanalyse eingesetzt werden. Die Untersuchungen werden auf bewegte Objekte beschränkt, die aus einer Bildfolge zu extrahieren sind. Als Beispiele werden Straßenverkehrsszenen herangezogen. Eine typische Anfrage könnte lauten:

„Ist ein Auto in die Bieberstraße abgebogen, nachdem der Fußgänger die Schlüterstraße gekreuzt hatte?" Es soll gezeigt werden, daß die durch die Anfrage ausgedrückten räumlichen und zeitlichen Beschränkungen bei der Bewegungsanalyse der Bildfolge ausgenutzt werden können.

Förderung:	DFG
	3 Jahre, ab 01.02.1985
Leitung:	Prof. Dr. B. Neumann, Uni Hamburg, FB Informatik
	Tel.: (040) 4123 6130
Mitarbeiter:	M. Mohnhaupt
Rechner:	SYMBOLICS 3640,
	VAX-Rechner des Fachbereichs
KI-Gebiete:	Natürlichsprachliche Systeme, Computersehen

Projekt: Expertensysteme für Technische Systeme TEX-K
                  (Anteil der Universität Hamburg)

Ziel des Vorhabens ist die Entwicklung, Erprobung und betriebliche Einführung von Expertensystemen (ES) für die Planung und Konfigurierung in technischen Anwendungen.

Dazu soll ein auf die PLAnungs- und KONfigurierungsproblematik zugeschnittenes Werkzeugsystem PLAKON entwickelt werden, das der Realisierung zentraler Funktionen in problemorientierten ES dient. Das Spektrum der Einsatzfälle umfaßt u.a.:

– Planung mechanischer Bearbeitungs- und Fertigungsprozesse

– Konfigurierung automatischer Systeme der industriellen Röntgenprüfung und der chemischen Analyse

– Konfigurierung von Bildverarbeitungssystemen für die automatische Qualitätsprüfung im industriellen Bereich.

Die Aufgaben der Universität umfassen Evaluierung und Analyse der Konfigurierungsproblematik sowie bestehender Systeme, Unterstützung bei Anwenderentwicklungen, Aufstellung eines integrierten Anforderungskataloges, Entwickeln zentraler PLAKON-Komponenten mit industriellen Partnern sowie Unterstützung bei Reimplementierungen und schließlich die Integration und Validierung von PLAKON.

Förderung: BMFT
              01.01.1986 bis 31.12.1989

Partner: Battelle-Institut e.V., Frankfurt
              Philips GmbH, Hamburg
              Siemens AG, Erlangen
              URW, Hamburg

Leitung: Prof. Dr. B. Neumann, Uni Hamburg, FB Informatik
              Tel.: (040) 41236130
              (für den Anteil der Uni Hamburg)

Mitarbeiter: R. Cunis, A. Günter, I. Syska, N.N.

Rechner: 2 VAXstations–II/GPX

KI-Gebiete: Expertensysteme

Projekt: WISBER – Wissensbasierter Beratungsdialog (Anteil der
                Universität Hamburg)

Die Forschungs- und Entwicklungsarbeiten sollen die Technologien, die für
den natürlichsprachlichen Zugang in geschriebener Sprache zu allgemeinen
wissensbasierten Systemen notwendig sind, entwickeln und in einem
prototypischen Dialogsystem zur Geldanlagenberatung erproben. Die
Arbeiten werden gemeinsam von vier Partnern durchgeführt. Gemeinsames
Ziel ist die theoretische Fundierung, der Entwurf und die Implementierung
des deutschsprachigen WISsensbasierten BERatungssystems WISBER mit
angemessen breiten und robusten Analyse- und Generierungskomponenten
für geschriebene deutsche Sprache, die auf ein Partnermodell sowie eine
Inferenzkomponente zurückgreifen. Wesentliche, für die Beratungsleistung
notwendige Systemfähigkeiten sind dabei das Erkennen des Wissensstandes
und der Ziele des Partners sowie das adäquate Auswählen und Präsentieren
von Detailwissen. Im Rahmen der internationalen Forschungslinien bedeutet
dies, den sich abzeichnenden Durchbruch in der Mensch-Maschine-
Interaktion von den einfachen Dialogsystemen zu den Beratungssystemen in
einem exemplarischen System zu erreichen.

Förderung: BMFT
             01.10.1985 bis 31.12.1988
Partner: Siemens AG
             Nixdorf Computer AG
             SCS-Orbit GmbH
             Universität Saarbrücken
Leitung: Prof. Dr. B. Neumann, Uni Hamburg, FB Informatik
             Tel.: (040) 41236130
             H. Marburger
             Projektgruppe WISBER
             Tel.: (040) 41233699
             (für den Anteil der Universität Hamburg)

Mitarbeiter:	H. Bergmann
	M. Gerlach
	Dr. W. Höppner
	H. Marburger
	R. Block
	M. Fliegner
	M. Poesio
	M. Sprenger
Rechner:	Siemens Arbeitsplatzrechner EMS 5815 mit
	Interlisp-D
	1 Symbolics 3600
	1 Nixdorf 8831
KI-Gebiete:	Natürlichsprachliche Systeme

Projekt: Linguistische und logische Methoden und Grundlagen
Verarbeitung räumlichen Wissens (LILOG-R)

Da natürlichsprachliche Systeme insbesondere auch zur Verarbeitung von
Texten über die reale Welt geeignet sein sollten, ist es notwendig, einen der
wichtigsten Aspekte der Realität, die Einbettung in Raum (und Zeit),
adäquat zu berücksichtigen. Zu diesem Zweck werden Repräsentations-
formalismen entwickelt, die die Repräsentation räumlicher Gegebenheiten
ermöglichen. Der Schwerpunkt der Arbeiten liegt in der Entwicklung eines
Systems, das propositionale und bildhafte Repräsentationen bearbeiten und
hierbei insbesondere die Integration der Repräsentationsformate in einem
interaktiven System vorsieht.

Das Vorgehen wird insbesondere durch die Orientierung an Vorgehens-
weisen der Linguistik und der kognitiven Psychologie orientiert sein, wobei
deren spezifischen Ansätze KI-mäßig „realisiert" werden sollen.

Förderung:	IBM-Deutschland-GmbH
	1.07.1986 bis 31.12.1988
Leitung:	Prof. Dr. Ch. Habel, Uni Hamburg, FB Informatik
	Tel.: (040) 41236108

Mitarbeiter: M. Herweg

               M. Khenkhar

               S. Pribbenow

               K. Rehkämper

Rechner: IBM 4361

KI-Gebiete: Natürlichsprachliche System, Repräsentation von Wissen

Projekt: Ein wissensgesteuertes Korrespondenzverfahren für Stereo-
               Bildfolgen auf der Basis lokaler Bildmerkmale

Stereo-Bildfolgen ermöglichen das Lernen von Modellen von nicht-starren
Körpern durch Beobachtung von Realwelt-Szenen. Das beantragte Projekt
soll dazu dienen, ein Verfahren zur Lösung des Korrespondenzproblems bei
Stereo-Bildfolgen zu entwicklen, das durch eine Kombination mehrerer
Wissensquellen für Randbedingungen die Zuverlässigkeit gegenüber
bekannten Verfahren erhöht. Mittels eines „blackboard"-Verfahrens, das
einen flexiblen datengesteuerten Kontrollfluß erlaubt, soll die Korrespon-
denzanalyse für Stereoskopie und Bewegungsanalyse einheitlich und
gemeinsam durchgeführt werden, so daß aus ermittelten räumlichen
Korrespondenzen Randbedingungen für zeitliche Korrespondenzen abgeleitet werden können und umgekehrt. Dabei kann auf bereits gelernten
Objektbeschreibungen zugegriffen werden, so daß sich die Analysestrategie
dem bisher gelernten Wissen anpaßt.

Förderung: DFG

               1.07.1986 bis 1.07.1989

Leitung: Dr. L. Dreschler-Fischer, Uni Hamburg, FB Informatik

               Tel.: (040) 41236132

Mitarbeiter: N.N. - 11 Diplomanden

KI-Gebiete: Bildverstehen, speziell sichere Bilddeutung, Wissens-
               repräsentation

Universität Hamburg

Forschungsstelle für Informationswissenschaft und KI

Mittelweg 179

2000 Hamburg 13

Tel.: (040) 41233315

B. Forschung

Projekt: LOKI: A Logic Approach to Knowledge and Databases
            Supporting Natural User Interaction

An der Universität Hamburg wird ein natürlichsprachliches Zugangssystem zu Datenbanken und Wissensbasen entwickelt. Es ist ein Ziel des europäischen LOKI-Projektes. Die natürlichsprachliche Schnittstelle trägt den Namen LOQUI. Der Rahmen von LOQUI ist durch folgende Punkte umrissen:

– Die natürlichsprachliche Schnittstelle wird dialogorientiert und mit einem anwendungsunabhängigen Kern versehen sein.

– Kernstück von Analyse und Generierung ist die semantische Repräsentationssprache LOLA (LOQUI-Language).

– Als Unterstützung für globale Dialogstrategien ist eine explizite Diskursstrukturmodellierung mit Sprechakterkennung und Fokusberücksichtigung vorgesehen.

– Analyse und Generierung verwenden einen Typ von Unifikationsgrammatik (angepaßte Form der Lexical Functional Grammar).

– Für Anwendungsdaten und Lexikoneinträge wird ein kommerzielles Datenbank-Managementsystem benutzt.

– Programmiersprache ist BIM Prolog.

Förderung: EG (ESPRIT)
            Mainphase 1: 15.08.1984 bis 15.02.1987
Partner: TUM – Technical University of Munich
            Scicon Ltd., London

	BIM – Belgian Institute of Management SA, Brussels
	CCI – Cretan Computer Institute, Iraklion
	Cranfield Institute of Technology, Cranfield
	IAO – Fraunhofer Gesellschaft, Stuttgart
	SCS – Scientific Control Systems GmbH, Hamburg
Leitung:	Prof. Dr. W. von Hahn, Uni Hamburg,
	Forschungsstelle f. Informationswissenschaft u. KI
	Tel.: (040) 41234529
Mitarbeiter:	Dipl.-Ing. Dr. H. Horacek
	W. Imlah, B. Sc.
	Dipl. Inform. C. Pyka
	Dipl. Inform. M. Schröder
	T. Wachtel, B.A.
Rechner:	2 SUN Workstation mit Berkley-Unix
	BIM Prolog
KI-Gebiete:	Natürlichsprachliche Systeme, Logisches Programmieren, Wissensrepräsentation

Universität Hamburg
Germanistisches Seminar
Von-Melle-Park 6
2000 Hamburg 13
Tel.: (040) 41234779

A. Lehre

Unregelmäßig angebotene Vorlesungen:
   Linguistik und KI   2
Seminare:
   Dialogforschung in Linguistik und KI
   Semantische Netze
Sonstige Ausbildungsangebote:
   Gelegentlich Kurs: Lektüre grundlegender Texte zur KI
   Tätigkeiten im Projekt LOKI
Scheine:
   Scheine des Fachbereichs Sprachwissenschaften
Integration in Hauptprüfung:
   gültig für alle Prüfungen im Fach Deutsch als Hauptfach und als
   Anwendungsfach des Hauptfaches Informatik
Dozenten:
   Prof. Dr. W. von Hahn   Germanistik, Linguistik

Universität Hamburg
Rechenzentrum der Universität
Rothenbaumchaussee 81
2000 Hamburg 13
Tel.: (040) 41234651

A. Lehre

Sonstige Ausbildungsangebote:
   LISP-Programmierkurse in den Semesterferien
Dozenten:
   Dr. D. Wurl   LISP

Universität Hamburg
FB Psychologie
Von-Melle-Park 5
2000 Hamburg 13

A. Lehre

In regelmäßigem Turnus angebotene Vorlesungen:

    Computersimulation   4, jährlich

Unregelmäßig angebotene Vorlesungen:

    KI und menschliches Bewußtsein   2

Seminare:

    KI und menschliches Bewußtsein   2

    (Begleitseminar zur Vorlesung)

Sonstige Ausbildungsangebote:

    Diplomarbeiten in Zusammenarbeit mit dem FB Informatik der Universität Hamburg

Integration in Hauptprüfung:

    Prüfungsstoff für Informatikstudenten im Nebenfach Psychologie

Dozenten:

    Prof. Dr. H. Ückert   Cognitive Science
                                                     (Computer-Simulation in der
                                                     psychologischen Forschung)

Universität Heidelberg

Fakultät für Mathematik

Postfach 105 760

6900 Heidelberg

Tel.: (06221) 543 201

A. Lehre

Seminare:

    Seminar über KI   jedes Semester

    Seminar über Logik für KI   jedes Semester

Scheine:

    Seminarscheine für Hauptdiplom anerkannt

Integration in Hauptprüfung:

    nach Vereinbarung möglich

Dozenten:

    Prof. Dr. Werner Böge   Angewandte Mathematik

    gem. mit

    Dr. G. O. Müller   Angewandte Mathematik

    Prof. Dr. Peter Schmitt   Logik

    Prof. Dr. Volker Weispfennig   Logik

Universität Heidelberg

Germanistisches Seminar

Magisterstudiengänge Linguistische Datenverarbeitung

Hauptstraße 207-209

6900 Heidelberg

Tel.: (06221) 543 201

A. Lehre

In regelmäßigem Turnus angebotene Vorlesungen:

    Linguistische Datenverarbeitung I   2+2, jedes 2. Sem.

    Linguistische Datenverarbeitung II   2+2, jedes 2. Sem.

Unregelmäßig angebotene Vorlesungen:

    Algebraische Linguistik und

    Grammatiktheorie   2

    Formale Logik   2

Seminare:

    Pros. Parsing

    Pros. Inferenzen in natürlichsprachlichen Systemen

    Pros. Maschinelle Lexikographie

Sonstige Ausbildungsangebote:

    Programmierkurse in LISP und PROLOG

    Praktikum: Programmierprojekt (natürlichsprachlicher Systeme) 6

    Studienarbeiten

Scheine:

    Prüfungsvoraussetzung sind 3 Scheine aus KI/Computerlinguistik sowie

    Teilnahme am Programmierprojekt

Integration in Hauptprüfung:

    Es handelt sich um einen eigenen Magisterstudiengang „Linguistische

    Datenverarbeitung/Computerlinguistik", bei dem in vielen Bereichen KI

    eine Rolle spielt.

Dozenten:

Prof. Dr. Peter Hellwig   Computerlinguistik,
                                 natürlichsprachliche Systeme

Prof. Dr. Klaus Mudersbach   Logik, formale Grammatik,
                                 Wissensrepräsentation

2 bis 3 Lehrbeauftragte pro Semester für KI/CL

B. Forschung

Projekt: COLEX: Untersuchung der Einsatzmöglichkeiten des
                Computers im Rahmen einer theoretischen fundierten
                lexikographischen Praxis

Angesichts der Materialmengen, die bei der Herstellung eines Wörterbuches
unter verschiedenen Gesichtspunkten zu bearbeiten sind, stellt sich die
Frage nach den Möglichkeiten eines sinnvollen Einsatzes der elektronischen
Datenverarbeitung auch in der Lexikographie. Im Projekt COLEX soll diese
Frage in Zusammenarbeit zwischen Metalexikographie und Computerlinguistik beantwortet werden. Die Metalexikographie liefert eine Beschreibung der Einheiten, aus denen Lexikoneinträge bestehen, und, daraus
abgeleitet, Prinzipien und Methoden, nach denen der Lexikograph solche
Einträge zu erstellen hat. Die Computerlinguistik trägt fortgeschrittene Theorien und Verfahren der maschinellen Sprachverarbeitung zum Vorhaben bei.
Es wird ein Modell einer Lexikographie entworfen werden, daß Komponenten reiner Computerverarbeitung, der Mensch-Maschine-Interaktion
und reiner menschlicher Bearbeitung enthält. Anschließend soll auf der
Grundlage dieses Modells ein lexikographisches Programmsystem implementiert und in der Praxis eingesetzt werden.

Förderung: Land Baden-Württemberg im Rahmen des Forschungs-
             schwerpunktes Lexikographie an der Universität Heidelberg

Leitung: Prof. Dr. Peter Hellwig,
                Prof. Dr. Herbert E. Wiegand
                Uni Heidelberg, Germanistisches Seminar
                Tel.: (06221) 543 240
Mitarbeiter: A. Blumenthal M.A.
Rechner: IBM PC und IBM 3081 D
KI-Gebiete: Natürlichsprachliche Systeme

Projekt: PLAIN-D: Erstellung einer umfassenden linguistischen
                Datenbasis für maschinelle Analysen des Deutschen
                PLAIN-D.

Mit Hilfe des bestehenden Sprachverarbeitungssystems PLAIN soll eine
umfassende linguistische Datenbasis für das Deutsche erstellt werden. Sie
wird mit etwa 20.000 Wörtern alle morphologischen und syntaktischen
Angaben enthalten, die notwendig sind, um einen Großteil deutscher Sätze
automatisch zu analysieren. Die Konsistenz, Vollständigkeit und Adä-
quatheit der Daten wird durch Test mit PLAIN gewährleistet. Die erstellte
Datenbasis soll für zukünftige wissenschaftliche Projekte im Bereich der
Computerlinguistik und der Lexikographie zur Verfügung stehen.

Förderung: DFG
                Förderung beantragt ab 01.04.1986 bis 31.03.1988
Leitung: Prof. Dr. Peter Hellwig, Uni Heidelberg,
                Germanistisches Seminar
                Tel.: (06221) 543 247
Mitarbeiter: 2 Linguisten
                4 Hilfskräfte
Rechner: IBM 3081 D, IBM AT PCs
KI-Gebiete: Natürlichsprachliche Systeme

Projekt: PRO TEXT: Programmpaket mit endbenutzerfreundlichen
Bedienungsrahmen zur Untersützung geisteswissenschaft-
licher Texterschließung in einem engen Verbund von
Arbeitsplatzrechnern und Zentralrechner.

Ziel des Projektes ist die Bereitstellung von Programmen zur
Texterschließung und Textbearbeitung als Voraussetzung für eine verstärkte
Nutzung der EDV in den Geisteswissenschaften. Es sollen formal ähnliche
Arbeitsvorgänge maschinell unterstützt werden, die in allen Textwissen-
schaften auftreten, wie z.B. die Segmentierung von Texten nach verschiedenen, z.T. inhaltlichen Kriterien, der Vergleich von Lesarten, die Klassifi-
zierung von Texteinheiten, die Zurückführung von Varianten auf Grund-
formen, die Aufsuche von Belegen im Kontext, die Erstellung sortierter
Konkordanzen und Register, die Anordnung zusammengestellter und
bearbeiteter Daten für den Druck u.a.

Das Innovative des Projektes liegt in folgenden zusätzlichen
Forderungen:

1) Die Software soll den Charakter eines Pakets mit genauestens aufeinander abgestimmten inneren und äußeren Schnittstellen haben.

2) Das Programmpaket soll einen Bedienungsrahmen erhalten, der
einheitlich und doch flexibel, dem ungeübten Benutzer behilflich und für
den geübten Benutzer doch nicht umständlich ist.

3) Die Entwicklung des Projekts soll im engen Verbund zwischen
Arbeitsplatzrechnern und einem Großrechner durchgeführt werden.

Förderung: DFG Projekt He 208/101-1
               Juli 1985 bis Juni 1987
Leitung: Prof. Dr. Rainer Dietrich,
               Prof. Dr. Peter Hellwig,
               Prof. Peter Sander
               Uni Heidelberg, Neuphilologische Fakultät
               Tel.: (06221) 543 247 (Hellwig)

Mitarbeiter:	Dipl.-Inform. Th. Biedassek
	Dr. phil. K. Hänelt
	Hilfskräfte
	4 Pilotanwendergruppen
Rechner:	PC-Netz: 9 IBM AT unter VM
	IBM 4381 unter VM als host
KI-Gebiete:	Natürlichsprachliche Systeme

Universität Kaiserslautern

FB Informatik

Postfach 30 49

6750 Kaiserslautern

Tel.: (0631) 205 1

A. Lehre

In regelmäßigem Turnus angebotene Vorlesungen:

Künstliche Intelligenz I	4+2, jedes 2. WS
Künstliche Intelligenz II	4+2, jedes 2. SS
Künstliche Intelligenz III	4+2, jedes 2. WS
Künstliche Intelligenz IV	4+2, jedes 2. SS
Expertensysteme	4+2, jedes 2. Semester
Deduktionssysteme	2+2, jedes 2. Semester
Logisches Programmieren	4+2, jedes Semester
Reduktionssysteme I	4+2, jedes WS
Reduktionssysteme II	4+2, jedes SS

Unregelmäßig angebotene Vorlesungen:

Nicht-monotones Schließen	2+2
Unifikationstheorie	2+2
Deduktive Datenbanken und Expertensysteme	4+2
Robotik und Computersehen	4+2
Natürlichsprachliche Systeme	2+2
Wissensrepräsentationsverfahren	2+2

Seminare:

Jedes Semester mindestens ein Proseminar und ein Hauptseminar aus den Teilgebieten der Künstlichen Intelligenz.

Sonstige Ausbildungsangebote:

allgem. KI-Praktikum, XPS-Praktikum (Dauer jeweils ein Semester)

Projektarbeiten in KI-Forschungsgruppen

PROLOG und LISP Grundkurse und Aufbaukurse

Diplom- und Doktorarbeiten

Scheine:

Proseminarscheine werden für das Vordiplom, Seminar-, Praktikums-
und Projektarbeitsscheine für das Hauptdiplom anerkannt.

Integration in Hauptprüfung:

KI ist eins von mehreren Teilgebieten, von denen zwei in der Haupt-
diplomsprüfung für die praktische Informatik abgedeckt werden.

Dozenten:

Prof. Dr. Avenhaus	Reduktionssysteme, algebraische Spezifikation
priv. Doz. Dr. Dilger	Deduktionssysteme, Nicht-monotones Schließen
Prof. Dr. Härder	Deduktive Datenbanken und Kopplung XPS-DBS
Prof. Dr. Madlener	Reduktionssysteme, algebraische Spezifikation
Prof. Dr. Mayer	Logisches Programmieren
Prof. Dr. Richter	allgem. KI, Expertensysteme
Prof. Dr. Siekmann	allgem. KI, Deduktionssysteme
N.N.	KI-Programmiersprachen

regelmäßig Lehraufträge für zusätzliche KI-Vorlesungen

B. Forschung

Das Bundesministerium für Forschung und Technologie hat ein
Forschungszentrum für Künstliche Intelligenz an die Universität
Kaiserslautern mit einer Außenstelle an der Universität des Saarlandes
vergeben, das etwa 80 bis 100 Mitarbeiter in verschiedenen KI-Gebieten
beschäftigen wird, und das stufenweise ab Januar 1988 aufgebaut werden
soll. Das Institut ist als GmbH mit maßgeblicher Beteiligung der deutschen
DV-Industrie geplant. Gebäude und ein Teil der Infrastruktur werden vom
Land Rheinland-Pfalz gestellt. Die Saarbrücker Außenstelle dieses Institutes

wird sich unter der Leitung von Prof. Wahlster mit natürlichsprachlichen Systemen beschäftigen.

Derzeit werden in Kaiserslautern auf dem Gebiet der KI etwa 15 Forschungsprojekte mit etwa 40 Mitarbeitern durchgeführt, von denen im folgenden nicht alle aufgenommen wurden. Eine ausführliche Beschreibung aller KI-Forschungsaktivitäten in Kaiserslautern ist in einer Broschüre: „Artificial Intelligence Research at Kaiserslautern" enthalten, die auf Anfrage zugeschickt werden kann.

Projekt: XPS 1: Ein technisches Expertensystem zur Fehlerdiagnose eines CNC-Bearbeitungszentrums

Es wird hier ein System entwickelt, das ausgehend von der Werkstückkontur mögliche Bearbeitungsfehler eines CNC-Bearbeitungszentrums diagnostiziert. Das Expertensystem überwacht dabei ständig den Fertigungsprozeß; nur im Fehlerfall meldet es dem Anwender die vermeintliche Ursache und schlägt Abhilfemaßnahmen vor. Die Fehlerrückverfolgung zur Ermittlung der Fehlerursachen gestaltet sich bei einem derartigen Bearbeitungsprozeß problematisch, da beliebige Kombinationen von systematischen und zufälligen Fehlern auftreten können. Durch explizites Modellieren des strukturellen Wissens bezüglich der Gesamtproblematik soll das System in der Lage versetzt werden, mit möglichst wenig Benutzerinteraktion auszukommen. Dies ist vor allem vor dem Hintergrund der Automatisierung des Fertigungsprozesses zu sehen.

Förderung: DFG-SFB314
01.10.1986 bis 30.09.1989

Partner: Prof. Dr. T. Pfeifer
Laboratorium für Werkzeugmaschinen und Betriebslehre (WZL), Abteilung Meßtechnik für die automatisierte Fertigung
RWTH Aachen

Leitung: Prof. Dr. M. M. Richter, Uni Kaiserslautern
FB Informatik, Tel.: (0631) 205 2800

Mitarbeiter: Dipl.-Math. K.-D. Althoff
               Dipl.-Ing. J.-M. Céolin (WZL)
Rechner: Apollo Domain DN 3000
KI-Gebiete: Expertensysteme

Projekt: XPS 2: Ein Expertensystem zur Unterstützung der Konzep-
               tionsphase im Konstruktionsprozeß des allgemeinen
               Maschinenbaus

Unter den einzelnen Phasen des Konstruktionsprozesses ist die
Konzeptionsphase von wesentlicher Bedeutung, da hier Qualität und Kosten
der Konstruktion bereits in hohem Maß determiniert werden.

Innerhalb der Konzeptionsphase wird eine detaillierte funktionale
Beschreibung des zu konstruierenden Teiles generiert, sowie eine Auswahl
von möglichen technischen Realisierungen für die so ermittelten Teilfunktionen bestimmt. Aufgrund der Vielzahl von Randbedingungen bzw.
von Interdependenzen zwischen einzelnen Teilfunktionen läßt sich dieser
Prozeß aufgrund seiner Komplexität nur schwer automatisieren.

Im Rahmen des Projektes soll durch die explizite Darstellung des in den
Konstruktionsprozeß eingehenden Wissens sowie durch die Modellierung
der grundlegenden Lösungsmechanismen dem Konstrukteur eine Unterstützung in der Entwurfsphase gegeben werden.

Förderung: DFG-SFB314
               01.10.1986 bis 30.09.1989
Partner: Prof. Dr.-Ing. Dipl.-Wirt.-Ing. W. Eversheim
               Laboratorium für Werkzeugmaschinen und Betriebslehre
               (WZL), Lehrstuhl für Produktionssystematik
               RWTH Aachen
Leitung: Prof. Dr. M. M. Richter, Uni Kaiserslautern
               FB Informatik, Tel.: (0631) 205 2800
Mitarbeiter: Dipl.-Inform. N. Kratz
               Dipl.-Ing. R. Neitzel (WZL)
Rechner: Apollo Domain DN 3000

KI-Gebiete: Expertensysteme

Projekt: FLEX: Funktional-logische Sprachintegration zur
                 Programmierung von Expertensystemen

Aufbauend auf den Erfahrungen aus der Verbindung von LISP und
PROLOG zu LISPLOG soll eine Sprache zur Programmierung von
Expertensystemwerkzeugen entworfen werden. Ausgehend von einer Integration einer logischen (PROLOG) und einer funktionalen (SASL) Sprache
soll die Erweiterung um ein polymorphes Typkonzept und die Einführung
eines Modulkonzepts untersucht werden. Maßgeblichen Einfluß auf dieses
Projekt werden die Expertensysteme XPS1 und XPS2 nehmen, indem
Anforderungen und Erfahrungen aus diesen Projekten in die Konzeption
von FLEX einbezogen werden. Die Brauchbarkeit der dabei entwickelten
Werkzeuge soll dann in einer Reimplementierung von XPS1 und XPS2
gezeigt werden.

Förderung: DFG-SFB314
             voraussichtlich vom 01.01.1988 bis 31.12.1990
Leitung: Prof. Dr. O. Mayer, Uni Kaiserslautern,
             FB Informatik, Tel.: (0631) 205 2573
             Prof. Dr. M. M. Richter, Uni Kaiserslautern,
             FB Informatik, Tel.: (0631) 205 2800
Mitarbeiter: Dipl.-Inform. H. Boley
Rechner: Apollo Domain DN 330
KI-Gebiete: Expertensysteme, KI-Programmiersprachen

Projekt: LESP2: Ein Expertensystem zur Prüfplanerstellung

LESP2 ist die Weiterentwicklung einer prototypischen Shell LESP zur
Entwicklung von Expertensystemen zur Prüfplanerstellung. LESP wurde
am Laboratorium für Werkzeugmaschinen und Betriebslehre (WZL),
Abteilung Meßtechnik für die automatische Fertigung, RWTH Aachen
entwickelt. Ziel von LESP2 ist die Erstellung einer firmenspezifischen
Wissensbasis sowie die anschließende Erprobung im praktischen Einsatz.

Die Idee von LESP2 besteht aus der Trennung von grundsätzlichem, methodischem Wissen über Prüfplanung einerseits und firmenspezifischen Richtlinien und dem firmenspezifischem Produktspektrum andererseits. Die Realisierung wird mit Hilfe einer objektorientierten Darstellung mit Erweiterungen zur Darstellung von Regelwissen vorgenommen.

Partner: Fa. Pfaff, Kaiserslautern

Leitung: Prof. Dr. M. M. Richter , Uni Kaiserslautern
                FB Informatik, Tel.: (0631) 205 2800

Mitarbeiter: Dipl.-Inform. P. Spieker
                Dipl.-Math. K.-D. Althoff

Rechner: Apollo Domain Workstations

KI-Gebiete: Expertensysteme

Projekt: FRAME: Formalisierung und Repräsentation von ausge-
                wähltem Metawissen in Expertensystemen

Existierende Ansätze zur Automatisierung von Entscheidungen bei der Störfallbehebung vernachlässigen in vielen Fällen, daß der Ablauf des zu überwachenden Prozeßsystems den zeitlichen Rahmen für die Entscheidungsfindung diktiert. Aufgrund einer konkreten Anwendungssituation soll das Erfahrungswissen erfaßt und klassifiziert werden, das menschliche Problemlöser befähigt, solche zeitlichen Konflikte zu bewältigen. Anschließend soll ein Repräsentationsformalismus entwickelt werden, der die Verwendung solchen Wissens in einem Expertensystem gestattet. Die Nützlichkeit des Formalismus soll durch die Implementierung eines Prototyps für die ausgewählte konkrete Anwendung gezeigt werden.

Partner: voraussichtlich: Deutsche Bundesbahn

Leitung: Prof. Dr. M. M. Richter, Uni Kaiserslautern
                FB Informatik, Tel.: (0631) 205 2800

Mitarbeiter: Dipl.-Inform. K. Nökel

Rechner: Apollo Domain DN 3000

KI-Gebiete: Expertensysteme, Wissensrepräsentation

Projekt: Interdisziplinäres Projekt: Datenbasiertes und wissensbasiertes
System zur unterstützenden Diagnose und Therapie für
Speiseröhrenkrebs

In einer Zusammenarbeit mit der medizinischen Fakultät der RWTH Aachen
wird erforscht, wie wissensbasierte Systeme in Diagnose und Therapie
bestimmter Krebsformen eingesetzt werden können.

Partner: RWTH Aachen
Leitung: Prof. Dr. M. M. Richter, Uni Kaiserslautern
FB Informatik, Tel.: (0631) 205 2800
Prof. Dr. R. Repges, RWTH Aachen
Prof. Dr. C. Schlöndorff, RWTH Aachen
Mitarbeiter: Dr. rer. nat. B. Schmelzer
Dr. rer. nat. R. Haux
I. Höfener
KI-Gebiete: Expertensysteme

Projekt: MKRP-Deduktionssystem

Teilprojekt: Gleichheitsbeweise

Ein Gleichheitsbeweiser, der zwei gegebene Terme unter beliebigen
Gleichheitstheorien unifiziert, wurde entwickelt. Ausgehend von einem
initialen Graphen, der nur die zu unifizierenden Terme enthält, konstruiert
ein Produktionssystem Graphen, die Lösungen für einfachere durch
Abstraktion definierte Probleme repräsentieren. Diese Graphen sind Pläne,
die die Suche nach einem Beweis für das ursprüngliche Problem leiten.

Förderung: DFG-SFB 314
01.01.1985 bis 31.12.1987
Partner: Prof. Dr. Deussen, Uni Karlsruhe, Projekt DE3-SFB 314
Leitung: Prof. Dr. J. Siekmann, Uni Kaiserslautern
FB Informatik, Tel.: (0631) 205 2895

Mitarbeiter: Dipl.-Inform. A. Präcklein
               Diplomanden, Hilfsassistenten
Rechner: Symbolics LISP-Maschine
KI-Gebiete: Deduktionssysteme

Teilprojekt: Beweistransformation

Das Deduktionssystem liefert Resolutionsbeweise, die als abstrakte Beweis-
graphen repräsentiert werden. In einem ersten Schritt wird der Graph in
einen Beweis im Kalkül des natürlichen Schließens umgewandelt. Im
nächsten Schritt wird der so gewonnene Beweis simplifiziert, Beweis-
schritte werden zusammengefaßt, und insgesamt wird der Beweis üblicher
mathematischer Darstellung angepaßt. Als endgültiges Ziel ist eine weitere
Transformation dieser Beweise in natürliche Sprache vorgesehen, d.h. in
Beweise, wie sie in mathematischen Lehrbüchern vorkommen könnten.

Mitarbeiter: Ch. Lingenfelder
               Diplomanden
               Hilfsassistenten
Rechner: Symbolics LISP-Maschine
KI-Gebiete: Deduktionssysteme

Teilprojekt: Mathematische Wissensrepräsentation

Eine der vorgesehenen Anwendungen des MKRP-Systems ist das
Beweisen der Theoreme eines üblichen mathematischen Lehrbuchs. Mit
dem derzeitigen System ist dies zwar im Prinzip möglich (etwa ein Drittel
eines Buchs über Halbgruppen und Automaten wurde tatsächlich kodiert
und bewiesen), aber kaum praktikabel.

Verschiedene mathematische Gebiete erfordern spezielle Beweis-
techniken. Dieses methodische Wissen muß dem System in angemessener
Weise zur Verfügung gestellt werden. Eine weitere Schwierigkeit ist die
Umwandlung von solchem Wissen in Kontrollinformation zur Ansteuerung
der Inferenzschritte der logischen Maschine.

Mitarbeiter:	Dipl.-Inform. N. Eisinger
	Dipl.-Math. M. Kerber
Rechner:	Symbolics LISP-Maschine, Apollo-Workstation
KI-Gebiete:	Deduktionssysteme, Wissensrepräsentation

Projekt: Unifikation

Die Unifikationsgruppe beschäftigt sich mit verschiedenen Aspekten der Unifikationstheorie:

Ein Forschungsschwerpunkt ist es, Unifikationsalgorithmen für spezielle Gleichheitstheorien zu finden oder zu verbesseren. Um diese Gleichheitstheorien in den Deduktionsmechanismus eines Theorembeweisers einzubauen, müssen Verfahren entwickelt werden, die Unifikationsalgorithmen miteinander kombinieren. Eine dritte Aufgabe ist die Entwicklung von universellen Unifikationsalgorithmen und ihre Anwendung in Rewrite-Systemen und im logischen Programmieren. Ein vierter Schwerpunkt ist die Untersuchung von Unifikationsproblemen unter Sorten. Darüberhinaus arbeitet die Gruppe an einer theoretischen Fundierung der Unifikationstheorie.

Förderung:	DFG, Siemens
	01.10.1986 bis 30.09.1990
Leitung:	Prof. Dr. J. Siekmann, Uni Kaiserslautern
	FB Informatik, Tel.: (0631) 205 2895
Mitarbeiter:	Dipl.-Math. H.-J. Bürckert
	Dipl.-Math. W. Nutt-Wahlmann
	Dipl.-Math. M. Schmidt-Schauß
	Dipl.-Inform. G. Smolka
	Dipl.-Math. C. Terp
Rechner:	Symbolics LISP-Maschine
	EMS-Station Siemens
KI-Gebiete:	Unifikationstheorie

Projekt: Verifikation von COBOL Programmen

Dieses Projekt beschäftigt sich mit der Entwicklung und Anwendung eines Systems für die formale Verifikation von COBOL Programmen.

– Eine Aufgabe ist die Entwicklung von Axiomen und Inferenzregeln für eine Untermenge von COBOL Konstrukten.

– Ein System für die automatische Generierung von Verifikationsbedingungen wird momentan implementiert.

– Ein Spezialbeweiser, der arithmetische Datenstrukturterme und Formeln der Prädikatenlogik handhaben kann, wird implementiert. Er lehnt sich an den Simplifier des Stanford Systems an und wird in das MKRP-System integriert.

Förderung: IBM Deutschland, Stuttgart
             01.01.1985 bis 31.12.1987
Partner: IBM Deutschland, Stuttgart
Leitung: Prof. Dr. J. Siekmann, Uni Kaiserslautern
             FB Informatik, Tel.: (0631) 205 2895
Mitarbeiter: Dipl.-Math. R. Socher
Rechner: Symbolics LISP-Maschine
KI-Gebiete: Programmverifikation

Projekt: FORMAST: Formale Methoden zur Behandlung von
             asynchronen Prozessen

Das Ziel des FORMAST Projektes ist die Entwicklung eines Spezifikations- und Verifikationssystems für asynchrone Prozesse. Asynchrone Prozesse werden als black boxes betrachtet, die durch Senden und Empfangen von Signalen untereinander kommunizieren. Eine Programmiersprache, die geeignet ist, um sowohl Software für einen speziellen Prozessor zu schreiben, als auch um Hardwarekomponenten zu spezifizieren, wurde bereits definiert. Der nächste Schritt besteht in der Entwicklung einer formalen Semantik und eines Verification Condition Generators und der Werkzeuge, um die Verifikationsbedingungen zu beweisen.

Förderung: ESPRIT-Projekt 1033
             01.07.1986 bis 30.06.1988
Partner: Advanced Systems Architectures, London
             MBB-ERNO, Bremen
             Imperial College, London
Leitung: Prof. Dr. J. Siekmann, Uni Kaiserslautern
             FB Informatik, Tel.: (0631) 205 2895
             Dipl.-Phys. H.-J. Ohlbach, Uni Kaiserslautern
             FB Informatik, Tel.: (0631) 205 3054
Mitarbeiter: Dipl.-Inform. A. Nonnengart
Rechner: μ-VAX
KI-Gebiete: Programmverifikation

Projekt: GRASPIN: Development of a Personal Workstation for
                Incremental **GRA**phical **SP**ecification and formal Imple-
                mentation of Nonsequential Systems

In dem Projekt soll der Prototyp einer Arbeitsstation entwickelt werden. Diese unterstützt formale Spezifikation und Implementation, durch high-level Petri-Netze, abstrakte Datentypen, eine integrierte Dokumentation, halb-automatisches Testen und Verifizieren, Symbolintegration und -exekution sowie halb-automatisches Kodieren in einer höheren Programmiersprache.

Die Universität Kaiserslautern ist für folgende Subaufgaben verantwortlich:

– Entwicklung eines algebraischen Verifikationskonzeptes für die Übergänge von der Petri-Netz Ebene zur Spezifikationsebene und von dieser zur Programmebene von GRASPIN,

– die Integration von verschiedenen in GRASPIN verwendeten Verifikationsmethoden,

– Wissensbasierte Term-Simplifikation.

Ein auf Rewrite Rule Techniken basierendes Beweissystem wurde implementiert, um Gleichheitsbeweise auf verschiedenen Ebenen des Software-Entwicklungsprozesses zu ermöglichen.

Förderung: EG, ESPRIT project 125
              01.09.1985 bis 31.08.1987
Partner: Siemens AG, München
              GMD, Bonn
              Olivetti, Pisa
              Universität Kaiserslautern
              Subpartner:
              Epsilon, Berlin
              Etnoteam, Mailand
              tecsiel, Pisa
              University of Patras, Patras
Leitung: Prof. Dr. M. M. Richter, Uni Kaiserslautern
              FB Informatik, Tel.: (0631) 205 2800
              Prof. Dr. J. Siekmann, Uni Kaiserslautern
              FB Informatik, Tel.: (0631) 205 2895
Mitarbeiter: Dr. rer. nat H. Gerlach
              Dipl.-Inform. W. Sommer
              Diplomanden, Hilfsassistenten
Rechner: SIEMENS EMS 5815
KI-Gebiete: Programmverifikation

Projekt: TRSPEC: Ein Term Rewriting System als Grundlage für
              Algebraische Spezifikationen

Term Rewriting Systeme können zum einen benutzt werden als eine
algebraische Programmiersprache, zum anderen aber auch als ein Werkzeug
zur Überprüfung induktiver Eigenschaften dieser Programme. Das
TRSPEC System erlaubt die Spezifizierung von Funktionen durch Term
Rewrite Systeme und die Überprüfung der Behauptungen (Gleichungen)
dieser Funktionen. Die Beweise werden durch Vervollständigungs-
algorithmen à la Knuth Bendix (induktionslose Induktion) geführt. Das
System ist in Common-Lisp auf einer Apollo Arbeitsstation unter Ägis
implementiert. Es enthält die folgenden Komponenten:

– Einen Parser, um hierarchisch strukturierte Spezifikationen von Funktionen (Rewrite Programme) und Behauptungen (Gleichungen) in eine interne Repräsentation, die von anderen Werkzeugen des Systems benutzt werden, zu transformieren.

– Einen Checker, um die grundlegenden Eigenschaften von Rewrite Programmen zu überprüfen: Konsistenz, hinreichende Vollständigkeit und eindeutige Terminierung.

– Einen Compiler für die Umformung der Funktionen, spezifiziert durch Rewrite Programme, in ausführbare Lisp-Funktionen.

– Einen Prover zur Überprüfung der Behauptungen, die in der durch die Rewrite-Programme spezifizierten initialen Algebra gelten sollen. Der Beweiser basiert auf einem speziellen Knuth-Bendix Algorithmus für induktive Beweise, wo die Konfluenz nur für Grundterme verlangt wird, nicht jedoch für alle Terme. Er erlaubt auch die Handhabung von zyklischen Regeln und induktiven Lemmata.

Förderung: DFG
             01.01.1985 bis 31.12.1987
Leitung: Prof. Dr. J. Avenhaus, Uni Kaiserslautern
             FB Informatik, Tel.: (0631) 205 2633
             Prof. Dr. K. Madlener, Uni Kaiserslautern
             FB Informatik, Tel.: (0631) 205 2268
Mitarbeiter: Dipl.-Inform. R. Göbel
             Dipl.-Inform. B. Gramlich
Rechner: Workstation
KI-Gebiete: Termersetzungssysteme

Projekt: Theorembeweisen durch Reduktionssysteme

Rewrite-Techniken können zum automatischen Beweisen eingesetzt werden: Eine gegebene Formel F der Prädikatenlogik wird zu einer endlichen Menge P von Boolschen Polynomen erster Stufe transformiert. Mit P als Eingabe erzeugt der Knuth-Bendix Vervollständigungsalgorithmus den Widerspruch $1 = 0$ genau dann wenn F gültig ist. Ziel der Forschung sind

Effizienzuntersuchungen dieses Ansatzes und Vergleich mit anderen Theorembeweisern.

Die Hauptprobleme sind:

– der Entwurf von speziellen Vervollständigungsstrategien

– der Entwurf von Datenstrukturen, die die Berechnung von Normalformen und kritischen Paaren unterstützen

– Konstruktion und Anwendung von Lemmata

– Implementierung von Heuristiken.

Leitung: Prof. Dr. J. Avenhaus, Uni Kaiserslautern,

               FB Informatik, Tel.: (0631) 205 2633

               Prof. Dr. K. Madlener, Uni Kaiserslautern,

               FB Informatik, Tel.: (0631) 205 2268

Mitarbeiter: Dipl.-Inform. J. Müller

Rechner: Apollo Workstations

KI-Gebiete: Deduktionssysteme

Projekt: Rechnen in algebraischen Strukturen

Rewriting-Systeme werden zu effektiven Berechnungen in algebraischen Strukturen benutzt. Das derzeitige Forschungsthema ist Stringrewriting-Systeme (Semi-Thue-Systeme STS), um in Gruppen und in Halbgruppen zu rechnen, sowie Gröbner-Basis Algorithmen für spezielle Ringe. Genauer untersucht werden die Beschreibungsmächtigkeit eingeschränkter Klassen von Semi-Thue Systemen sowie die Entscheidbarkeit und Komplexität verschiedener Probleme in Gruppen und Monoiden, die durch solche STSe beschrieben werden.

Leitung: Prof. Dr. J. Avenhaus, Uni Kaiserslautern

               FB Informatik, Tel.: (0631) 205 2633

               Prof. Dr. K. Madlener, Uni Kaiserslautern

               FB Informatik, Tel.: (0631) 205 2268

Mitarbeiter: Dr. rer. nat. F. Otto
               Dipl.-Inform. N. Kuhn
               Dipl.-Math. D. Wißmann
KI-Gebiete: Deduktionssysteme, Theoretische Informatik

Projekt: Datenbankbasierte Expertensysteme

Der praktische Einsatz von Expertensystemen (XPS) setzt voraus, daß ihre Eigenschaften noch in einigen Punkten verbessert werden: effiziente Verwaltung großer Wissensbasen, Mehrbenutzerbetrieb, Fehlertoleranz, Verteilung der Wissensbasis usw. Viele dieser Punkte gelten im Datenbereich bereits seit Jahren als gelöst. Vor allem bezüglich der Verwaltung von großen zentralisierten bzw. verteilten Datenbeständen, Anfrageoptimierung, concurrency control und Logging/Recovery-Maßnahmen sollten daher die bei Datenbanksystemen (DBS) erarbeiteten Lösungen zu weiteren Entwicklung von Expertensystemen mit einbezogen werden.

Aus diesen Gründen ist eine angemessene Unterstützung von XPS durch DBS von großer Wichtigkeit.Wie XPS in geeigneter Weise durch DBS unterstützt werden können, ist das Forschungsziel dieses Projektes. Es hat sich gezeigt, daß herkömmliche DBS nicht alle Anforderungen von XPS effizient befriedigen können. Daher werden neue DB-Architekturen entwickelt, die speziell auf die Unterstützung von XPS ausgerichtet sind. Ein wichtiger Punkt ist die effiziente Auswertung von rekursiven Regelmengen auf großen Datenbeständen. Ein geeigneter Ansatz zielt auf die mengenorientierte Auswertung solcher Regeln mit Hilfe von DB-Operationen. Ein weiterer Punkt für den Erfolg der Unterstützung soll ein geeignetes Datenmodell sein, durch das die Objekte und Beziehungen der Wissensbasis in einer natürlicheren und effizienteren Weise dargestellt werden können. Außerdem sollen geeignetere Speicherungsstrukturen und Zugriffspfade für die Verwaltung der Wissensbasis neu entwickelt werden. Da die Performance des Gesamtsystems vor allem von der Anzahl der Zugriffe auf die Wissensbasis bestimmt wird, sollen weiterhin die zwischen dem XPS und dem DBS eingestellten Kommunikationsmechanismen durch die Ausnutzung der Lokalität beim Zugriffsverhalten des XPS die Effizienz der Kopplung garantieren.

Stehen solche Voraussetzungen auf der Seite des DBS zur Verfügung, sind eine Anzahl der Möglichkeiten denkbar, XPS effizient durch DBS zu unterstützen um die Fähigkeiten der existierenden DBS vorteilhaft zu nutzen

Förderung: DAAD, Siemens AG
               01.10.1984 bis 30.09.1988
Partner: Siemens AG
Leitung: Prof. Dr. Th. Härder, Uni Kaiserslautern
               FB Informatik, Tel.: (0631) 205 2159
Mitarbeiter: Dipl.-Inform. N. M. Mattos
Rechner: Siemens EMS Stations
               Siemens 7.536-20 mit UDS, SESAM, UTM, INTERLISP
KI-Gebiete: Expertensysteme und Datenbanken

Projekt: Wissensrepräsentation und Nutzung in Ingenieuranwen-
                 dungen

Derzeit werden kräftige Forschungsanstrengungen mit dem Ziel betrieben, objektorientierte Datenmodelle, ausdrucksvoller und mächtiger als das relationale Datenbankmodell, zu entwickeln, um die sogenannten Non-Standard-Anwendungen besser zu unterstützen. In diesen Anwendungen muß das DBS komplexe Objekte verwalten und Elementaroperationen für das Holen, Kopieren und Wiederabspeichern von Objekten bereitstellen. Daher muß das Datenmodell zusammen mit der entsprechenden Objektrepräsentation garantieren, das die Bildung der Anwendungsobjekte auf Grund angemessener Konstruktions- und Joinoperationen effizient realisiert wird.

Frames haben bekanntermaßen einige Eigenschaften, die sie für mächtigere Integritätsmechanismen geeignet erscheinen lassen. Sie können sowohl zur Repräsentation von komplexen Integritätsbedingungen als auch für deren zeitliche Kontrolle eingesetzt werden. Außerdem erlauben sie große Flexibilität und Ausdruckskraft bei der Spezifikation der Integritätsregeln durch die Verwendung spezieller Konzepte wie Vererbung spezieller Konzepte und „procedural attachment". Ein wichtiges Ziel ist es, „object-orientation" und Wissensrepräsentation in einem für Non-Standard-Anwendungen, insbesondere für das breite Spektrum der Ingenieur-Datenbanken, geeigneten Datenmodell zusammenzuführen.

Wir haben ein sogenanntes Molekül-Atom-Datenmodell (MAD-Modell) entwickelt, das spezielle Eigenschaften bzgl. „object-orientation" bietet. Es ist Teil eines mehrschichtigen DBS und wird derzeit auf einem DBS-Kern namens PRIMA (Prototyp Implementierung von MAD) in einem SFB-Projekt implementiert. PRIMA wird in diesem Projekt als Basis benutzt, um eine mögliche Ergänzung der MAD-Eigenschaften zur Repräsentation bzw. Kontrolle der Anwendungsintegritätsregeln durch frameähnliche Mechanismen analysieren zu können. In einer auf dem Kern aufgesetzten zusätzlichen Schicht (der sogennanten Modellabbildung) macht das DBS das Frame-Konzept für die Anwendung verfügbar. Dabei werden die Frames auf die zugrundegelegten Konstrukte des MAD-Modells abgebildet. Der Nutzen dieser Erweiterung wird durch verschiedene prototypische Anwendungen in 3D-CAD-Bereich bestätigt.

Förderung: DFG
             01.08.1986 bis 31.07.1988
Partner: Technische Universität Darmstadt
Leitung: Prof. Dr. Th. Härder, Uni Kaiserslautern
             FB Informatik, Tel.: (0631) 205 2159
Mitarbeiter: Dipl.-Inform. B. Sutter
Rechner: Sun-Workstations
KI-Gebiete: Expertensysteme und Datenbanken

Projekt: MUST: Next Generation Database Management System
Ziel des Projektes ist die Entwicklung eines Deduktiven Datenbanksystems (DDBS), d.h. eines Datenbanksystems, das unter anderem die Fähigkeit besitzt, nicht explizit gegebene Information abzuleiten und Integritäts-bediengungen zu beweisen.

Während die Firma SYSECA die klassische Datenbank weiter entwickelt, ist die Firma ABSY für Anwendungen und Benutzerschnittstellen zuständig. Die Kaiserslauterner MUST-Gruppe untersucht die theoretischen Grundlagen, um deduktive Aspekte in die DB-Entwicklung einzubeziehen. In loser Zusammenarbeit mit der Universität Saarbrücken wurde begonnen, eine benutzerfreundliche Datenbankoberfläche zu schaffen, die auch sprachverstehende Elemente enthält.

Förderung: European Commission (ESPRIT-Project 1005 MUST),
             Brüssel
             THOMSON / SYSECA, Paris
             vom 01.05.1986 bis 30.04.1988
Partner: THOMSON / SYSECA, Paris
             S. A. ABSY N.V:, Brüssel
             University of Saarbrücken
Leitung: Prof. Dr. J. Siekmann, Uni Kaiserslautern
             FB Informatik, Tel.: (0631) 205 2895
Rechner: μ-VAX
             Symbolics LISP-Maschine
KI-Gebiete: Deduktive Datenbanken

Projekt: PIPE
             Teilprojekt: Logisches Programmieren mit Typen und
             Gleichheit

Ziel dieser Forschung ist es, logisches Programmieren auf Typen und Gleichheit auszuweiten.

Um dafür die notwendigen Grundlagen zu schaffen, arbeiten wir an einer typdefinierten Klausenlogik, die Subtypen und Polymorphismus mit Parametern (type function) zur Verfügung stellt. Gegenstand der Untersuchungen sind modelltheoretische Semantiken, Typüberprüfungen, Folgerungsmechanismen und geeignete Anpassung von Unifikation, Rewriting, Narrowing und Resolution.

Zusammen mit Studenten implementieren wir TEL, ein experimentelles logisches Programmiersystem, das zur praktischen Anwendung unserer Forschung dient. Die Implementierung läuft auf der Oberfläche von Quintus Prolog unter Unix auf einer Apollo Workstation.

Es gibt eine lose Zusammenarbeit mit ähnlichen Projekten von Hassan Ait-Kaci vom MCC und Joseph Goguen und José Meseguer am SRI International.

Teilprojekt: Prologverfahren für automatisches Beweisen
In diesem Projekt soll einerseits Prolog um die Mengenunifikation und die Theorie der Gleichheit erweitert werden. Diese Erweiterung soll mit bereits existierenden Prolog Implementierungen, d.h. mit der Warren Abstract Machine (WAM), auf der die PIPE-Architektur basiert, verträglich sein. Zum anderen werden Anwendung von Prolog Programmen (als compilierten Horn-Klauseln) auf das automatische Beweisen untersucht.

Für beide Studien hat eine Gruppe von Studenten den rein logischen Teil einer WAM in Symbolics Common Lisp implementiert. Die oben angeführten (und noch andere) Erweiterungen werden eingebaut. Die Implementierung basiert auf einem korrekten Unifikationsalgorithmus (d.h. mit occurs check) und ist vollständig (bounded depth first search). Daher kann das System als Horn-Klausel Theorembeweiser benutzt werden; eine Kopplung mit dem MKRP Beweiser ist geplant.

Förderung: BMFT, Nixdorf Computer AG
             01.01.1985 bis 31.12.1985
Partner: GMD-FIRST, Berlin
             Nixdorf Computer AG, Paderborn
             EPSILON GmbH, Berlin
Leitung: Prof. Dr. J. Siekmann, Uni Kaiserslautern
             FB Informatik, Tel.: (0631) 205 2895

Mitarbeiter: Dipl.-Math. H.-J. Bürckert
               Dipl.-Inform. G. Smolka
               Diplomanden
               Hilfsassistenten
Rechner: Symbolics LISP-Maschine
KI-Gebiete: Logisches Programmieren, Deduktionssysteme,
               Unifikationstheorie

Projekt: Methoden zur Effizienzsteigerung von Prolog Interpretern

Die ursprüngliche Idee von PROLOG war, eine vollständige Trennung der logischen Komponente eines Algorithmus auf der einen und der Kontrollsteuermechanismen auf der anderen Seite herzustellen. Wegen dieser Trennung haben logische Programmiersysteme erhebliche Effizienzprobleme bei der Interpretation solcher Programme.

Um die Schwierigkeiten zu überwinden, stellen die meisten Prologsystemen außerlogische Kontrollstrukturen zur Verfügung. Dem widerspricht natürlich die ursprüngliche Idee des logischen Programmierens, vermindert die Transparenz eines logischen Programms und erhöht das Risiko von Programmfehlern.

Unser Ziel ist es, einen Weg zu finden, der die Verantwortlichkleit für die Kontrollstrukturen vom Programmierer auf das Sytem überträgt und haben bereits gute Resultate mit der Verwendung eines Preprozessors erhalten. Dieser ist in der Lage viele überflüssige Berechnungen in logischen Programmen zu entdecken und auszuschalten, z.B. Berechnungen, die nie zu einer Lösung führen; in manchen Fällen werden auch Endlosschleifen erkannt und aufgelöst. Die letzten Ergebnisse zeigen, daß es noch weit mehr Möglichkeiten gibt, diese Optimierungsfunktionen auszuweiten. Weiterhin wollen wir den Prototyp eines optimierenden Preprozessors und einen zugehörigen Prolog Interpreters implementieren.

Als weiterer Ansatz zur effizienten Ausführung logischer Programme entwickeln wir verschiedene Modelle für die AND/OR-Parallelausführung.

Förderung: DFG
Leitung: Prof. Dr. O. Mayer, Uni Kaiserslautern, FB Informatik
               Tel.: (0631) 205 2573
Mitarbeiter: Dr. rer. nat. A. Schmücker
               Dipl.-Inform. B. Schend
Rechner: μ-VAX
KI-Gebiete: Logisches Programmieren

Projekt: LISPLOG:
               Eine LISP-basierte LISP/PROLOG-Vereinheitlichung

Durch schrittweise Verfeinerung von M. Kahn's operationaler LISP-Semantik für PROLOG wurde eine LISP/PROLOG-Vereinheitlichung entworfen, implementiert und erprobt.

LISPLOG.1 benutzt die Darstellung von PROLOG-Termen durch LISP-S-Ausdrücke für zwei Edinburgh-PROLOG-Verallgemeinerungen: Strukturen variierender Länge und Ziele mit Prädikat-Variablen. Andererseits wird in dieser Sprache eine „goto">„while"-ähnliche Spezialisierung untersucht: Die „general cut">„initial cut" - Einschränkung, die sowohl Lesbarkeit als auch Parallelisierbarkeit von PROLOG-Programmen verbessert.

LISPLOG.2 erweitert die schon in LISPLOG.1 vorhandenen Trace/Break-Werkzeuge um einen initialen „cut indicator" bzw. „manual cutter" zur Kontrolle bzw. Handsteuerung der Suchbaum-Beschneidungen. Zur Effizienzsteigerung ist der rekursive Interpreter hier iterativ reformuliert, die Bindungsumgebung durch eine Array-Struktur repräsentiert sowie die Datenbasis nach Prädikaten und Argumenten indexiert.

Als Hauptanwendung von LISPLOG läuft das wissensbasierte System μ-UNIXPERT zur Diagnose von Problemen bei Druckaufträgen.

Förderung: DFG
               01.01.1985 bis 31.12.1987

Leitung: Prof. Dr. M. M. Richter, Uni Kaiserslautern,
              FB Informatik, Tel.: (0631) 205 2800
Mitarbeiter: Dipl.-Inform. H. Boley
              Diplomanden
              Hilfsassistenten
Rechner: Symbolics LISP-Maschine
              VAX 11/750 unter Unix
KI-Gebiete: KI-Programmiersprachen

Projekt: KK-Lisp: Eine KI-orientierte Erweiterung von Common-Lisp
KK-Lisp ist eine Erweiterung von Common-Lisp und beinhaltet folgende
zusätzliche Funktionen:
– ein mächtigeres defstruct mit eingebautem Flavoursystem
– ein Dämonen-Konzept
– eine Möglichkeit, Systeme zu definieren
– Klassifikationsschemata
– transitive Relationen
– ein virtuelles File-Konzept
– ein Windowsystem
– zusätzliche Iterationsfunktionen
– eine Möglichkeit abstrakte Datentypen zu definieren
– einen mustergesteuerten Übersetzer
– viele zusätzliche Funktionen, besonders zur Listenverarbeitung
    Ein Handbuch wurde erstellt. Momentan läuft KK-Lisp auf Symbolics
Lisp-Maschinen, Apollo Workstations und Digital μVAX II Stationen.

Förderung: DFG
              01.01.1985 bis 30.09.1986
Partner: Die Projekte des Sonderforschungsbereichs 314.
Leitung: Prof. Dr. G. Barth, Uni Kaiserslautern,
              FB Informatik (jetzt Uni Stuttgart)
Mitarbeiter: Dipl.-Inform. A. Präcklein
              Dipl.-Phys. H. J. Ohlbach

Rechner: Symbolics LISP-Maschine
              Digital μ-VAX II
              Apollo Workstation
KI-Gebiete: KI-Programmiersprachen

Projekt: Informationsverarbeitung mit assoziativen Prozessoren
Assoziative Prozessoren speichern ihre Daten in Content-Adressable
Memories (CAMs), d.h. in Speicherzellen, auf die über den Inhalt und nicht
über eine Adresse zugegriffen wird. Unser Interesse liegt im Einsatz
assoziativer Prozessoren zur Inferenzbildung.

Wir haben das Modell eines assoziativen Prozessors entwickelt, der auf
der Beweismethode von Deduktionsplänen beruht. Unsere Aufgabe
beinhaltet auch einen Unifkationsalgorithmus, der Informationen über alle
Fälle von Unifikationskonflikten (soweit vorhanden) liefert und einfaches
Backtracking auf den Unifikationsgraphen erlaubt.

Förderung: DFG
              Januar 1985 bis Januar 1986
Leitung: Prof. Dr. O. Mayer, Uni Kaiserslautern,
              FB Informatik, Tel.: (0631) 205 2573
              Dr. rer. nat. W. Dilger, Uni Kaiserslautern,
              FB Informatik
Mitarbeiter: Dipl.-Inform. H.-A. Schneider
Rechner: μ-VAX
KI-Gebiete: Logisches Programmieren

Projekt: MOBOT III: Entwicklung eines mobilen Roboters mit der
              Fähigkeit sich selbständig in Gebäuden zu orientieren.
Der Schwerpunkt des MOBOT III Projektes liegt in der Entwicklung von
sensorischen Systemen, Ortungstechniken sowie dem Erwerb von Wissens-
aquisition für selbständige mobile Roboter.

Neben der hardwaremäßigen Entwicklung von Entfernungsmessungen
auf Ultraschall, Infrarot und Laserbasis erforschen wir auch die

Auswertung von sensorischen Signalen, die auf dem Wissen über die den Roboter umgebene Welt basieren.

Die zentralen Fragestellungen des Projektes sind:

– Wie erhält der Roboter einen Plan der Umgebung?

– Wie wird dieser Plan intern repräsentiert?

– Wie werden sensorische Daten und der Umgebungsplan miteinander in Wechselbeziehung gebracht?

– Wie werden veränderliche (bewegliche) Hindernisse dargestellt und verarbeitet?

– Wie erfährt der Roboter etwas über Veränderungen seiner Umgebung?

Als Modell wurde ein dreirädriges Fahrzeug entwickelt, das durch das Vorderrad angetrieben und gelenkt wird. Es ist 50 cm lang, 37 cm breit und 40 cm hoch. Die Steuerung übernimmt ein dezentralisiertes Hochleistungs-Computersystem (on board), das aus drei 16-bit Computern (8086/87) besteht, von denen einer für die Motoren, einer für die Sensoren und der dritte für die Gesamtkoordination des Roboters zuständig ist. Alle Rechner sind über ein serielles Bus-System miteinander gekoppelt.

Bis jetzt sind der mechanische Aufbau und die beweglichen Teile des Roboters aufgebaut. Das Rechnersystem ist in der Entwicklung und wird Ende 1986 fertiggestellt sein. Mitte 1987 wird der Roboter lauffähig sein, und die Erforschung der o.a. gegebenen Fragen kann beginnen. Für Ende 1987 planen wir den Roboter selbständig in Gebäuden der Universität Kaiserslautern fahren zu lassen.

Derzeit (September 1986) wird mit einem industriellen Partner über die Bildung einer Forschungsgemeinschaft zur Entwicklung eines Reinigungs-roboters verhandet.

Leitung: Prof. Dr. E. von Puttkamer, Uni Kaiserslautern,
               FB Informatik, Tel.: (0631) 205 2276
Mitarbeiter: Dipl.-Inform. R. Hinkel
               Dipl.-Inform. Th. Knieriemen
Rechner: Spezialhardware
KI-Gebiete: Robotik

Universität Karlsruhe
Fakultät für Informatik
Zirkel 2
7500 Karlsruhe
Tel.: (0721) 608 3761
und
Fraunhofer-Institut
für Informations- und Datenverarbeitung (IITB)
Sebastian-Kneipp-Straße 12-14
7500 Karlsruhe 1
Tel.: (0721) 6091 210
und
GMD Forschungsstelle an der
Universität Karlsruhe
Haid-und-Neu-Straße 7
7500 Karlsruhe

A. Lehre

In regelmäßigem Turnus angebotene Vorlesungen:

Einführung in die Robotik	2+0, jedes WS
Programmieren von Robotern	2+0, jedes SS
Sensoren in der Robotik	2+0, jedes WS
KI-Planungsverfahren in der Robotik	2+0, jedes SS
Maschinelles Lernen	2+2, jedes SS
Digitalisierung und Klassifikation von Signalen	1+0, jedes WS
Einführung in die Mustererkennung	1+0, jedes WS
Spezielle Verfahren d.Mustererkennung	2+0, jedes SS
Analyse u.Interpretation v.Bildfolgen	2+0, jedes SS
Digitale Bildverarbeitung	2+0, jedes WS
Maschinensehen	2+0, jedes SS

Programmiermethoden der KI	2+1, jedes SS
Einführung in die KI	2+1, jedes WS (ab 87/88)
Logik	3+1, jedes WS
Semantik	3+0, jedes WS
Programmverifikation	2+0, jedes WS
Einführung in LISP	1+0, jedes WS
Automatisches Beweisen	3+0, jedes SS
Programmieren in Logik	2+0, jedes SS
Reduktionssysteme	4+2, jedes SS
Computer Algebra	4+0, jedes SS
Listenverarbeitung	2+0, jedes SS
Nichtstandard-Logiken und	
Logiken für die KI	2+0, jedes SS (ab 87)
Expertensysteme	3+0, jedes WS
Datenbankentwurf und	
Wissensrepräsentation	2+0, jedes SS

Seminare:

Robotik in KI

Der Einsatz von Expertensystemen in der Technik (SS 85, WS 85/86)

andere Themen in den kommenden Semestern

Neue Erkenntnisse zur Auswertung von Bildern

und Bildfolgen   2, jedes Semester

Grundlagen des Programmierens in Logik

Regelmäßige Seminare und Proseminare in jedem Semester mit wechselnden Themen aus dem Bereich der Künstlichen Intelligenz.

Sonstige Ausbildungsangebote:

Roboterpraktikum   4, jedes Semester

Praktikum Mustererkennung und

digitale Bildverarbeitung   4, jedes Semester

Prolog Arbeitsgemeinschaft

Mitarbeit in den Forschungsberichten

Studienarbeiten

Diplomarbeiten

Scheine:

Seminarscheine werden für das Hauptdiplom anerkannt und Proseminarscheine für das Vordiplom.

Integration in Hauptprüfung:

Robotik ist in die Säule Technische Informatik integriert. Robotik und KI wird voraussichtlich in einer Säule Künstliche Intelligenz abgeprüft.

Digitalisierung und Klassifikation von Signalen gehören zum Kernbereich der Technischen Informatik. Digitale Bildverarbeitung und Mustererkennung als Vertiefungsfach innerhalb der Technischen Informatik.

Die Vorlesung Programmiermethoden der KI geht mit 3 SWS in Praktischer Informatik ein.

Vorlesungen können (größtenteils als Vertiefung) im Hauptdiplom abgeprüft werden.

Dozenten:

Prof. Dr. Th. Beth	Computer-Algebra, Reduktionssysteme
Prof. Dr. P. Deussen	Einführung in die KI, Reduktionssysteme
Prof. Dr. R. Dillmann	Robotik, Maschinelles Lernen
Dipl.-Inform. A. Fortenbacher	Listenverarbeitung
B. Frommherz	(Programmieren von Robotern)
Prof. Dr. G. Goos	Prolog, KI-Methoden
K. Hörmann	Robotik und Planverfahren
Dipl.-Inform. Th. Käufl	Programmverifikation
A. Kemper, Ph.D.	Dantenbankentwurf und Wissensrepräsentation
Dr. P. Levi	Maschinelles Lernen KI-Techniken
Prof. Dr. W. Menzel	Logik, Nichtstandard-Logiken, und Logiken für die KI

Prof. Dr. H.-H. Nagel	Digitale Bildverarbeitung und Mustererkennung
Dipl.-Inform. C. Popp	Einführung in LISP
Dr. F. Puppe	Expertensysteme
J. Raczowski	Sensoren in der Robotik
Dr. W. Stephan	Semantik
Dr. I. Varsek	Programmieren in Logik
Dr. C. Walther	Automatisches Beweisen
Prof. Dr. G. Winkler	Digitale Bildverarbeitung und Mustererkennung

B. Forschung

Projekt: SFB-314, Teilbereich Robotik

Ziel des Projekts ist die Entwicklung eines autonomen mobilen 2-Arm-Roboters, der in der Lage sein soll, selbständig Montageaufgaben zu lösen. Zur Durchführung seiner Aufgaben verfügt das System über ein Weltmodell, das fortlaufend aufgrund von Sensorinformationen erneuert wird. Für die Programmierung des Roboters wird ein Planungssystem eingesetzt, das implizite Anweisungen in eine Sequenz von Einzelaktionen umsetzt. Das System soll ferner fähig sein, Fehler bei der Montage von Teilen zu erkennen und diese, wenn möglich, zu beheben.

Förderung: DFG
01.01.1985 bis 31.12.1987

Partner: Universität Kaiserslautern
Universität Karlsruhe
Universität des Saarlandes
Fraunhofer-Institut für Informations- und Datenverarbeitung, Karlsruhe

Leitung:	Prof. Dr.-Ing. U. Rembold, Prof. Dr.-Ing. R. Dillmann
	Lehrstuhl für Informatik III,
	Lehrstuhl für Prozeßrechentechnik
	Tel.: (0721) 608 3957
Rechner:	2 μ-Vax II, 1 SUN 3/75, 1 PS 300
	Graphik-System
KI-Gebiete:	Robotik

Projekt: Operational Control for Robot System Integration into CIM
(ESPRIT-Projekt Nr. 623)

Ziel des Projektes ist die Integration von Robotersystemen in CIM.
Ankopplung der Robotersysteme an CAD-Systeme und Datenbanken soll
eine direkte Verbindung von Entwurfsprozeß und Fertigungsprozeß erreicht
werden. Ein Teil des Projektes befaßt sich mit der aufgabenorientierten
Programmierung von Robotern. Aufgrund der Spezifikation einer Montage-
aufgabe erzeugt das System ein entsprechendes Programm für einen Industrieroboter. Das generierte Modell kann anhand eines Modells simuliert und
graphisch dargestellt werden.

Förderung:	Europäische Gemeinschaft
	01.02.1985 bis 01.02.1990
Partner:	IPK, Berlin
	University of Galway
	University of Amsterdam
	University of Lisboa
	University of Madrid
	KUKA, Augsburg
	FIAR, Mailand
	Ladseb, Mailand
	PSI, Berlin
Leitung:	Prof. Dr.-Ing. U. Rembold, Uni Karlsruhe,
	Institut für Informatik III, Lehrstuhl für Prozeßrechentechnik

Dr. Kirchhoff, IPK Berlin, Kleiststraße 23-26
1000 Berlin 30
Tel.: (030) 2125 282
Rechner: 2 μ-Vax II
Graphikschirm PS 300
KI-Gebiete: Robotik

Projekt: Untersuchung von Datenbank-Schemata zur Modellierung von
Episoden bei der algorithmischen Deutung von Bildfolgen
Die Deutung längerer Bildfolgen von dynamischen Szenen mit komplexen
Geschehen kann sich nicht darauf beschränken, Objekte, Objektkonfigura-
tionen sowie deren raum-zeitliche Beziehungen geometrisch zu erfassen und
z.B. mit Hilfe von Bewegungsverben zu beschreiben. Diese Vorgänge
müssen u.a auch auf höheren Abstraktionsebenen modelliert werden, wobei
sich Episoden als eine denkbare Abstraktionsebene anbieten. Ein leistungs-
fähiges Bilddeutungssystem muß über eine Vielfalt von Episoden-Schemata
verfügen, aus denen eines im Laufe des Bilddeutungsprozesses ausgewählt
und konkretisiert wird. Objektwissen und Episodenschemata werden über
einen Wissensrepräsentationsformalismus beschrieben, aus dem ein Daten-
bankschema für die Verwaltung der Bildfolgedaten abgeleitet wird.

Förderung: DFG
01.10.1984 bis 30.09.1987
Leitung: Prof. Dr. P. Lockemann, Uni Karlsruhe, Fakultät für
Informatik
Tel.: (0721) 608 3968
gemeinsam mit
Prof. Dr. H.-H. Nagel, Uni Karlsruhe, Fakultät für
Informatik und Fraunhofer-Institut IITB
Tel.: (0721) 6091 210
Mitarbeiter: I. Walter
Rechner: VAX 780 (ITTB)
KI-Gebiete: Maschinensehen, Wissensrepräsentation

Projekt: Schnittstelle zu höheren Abstraktionsstufen bei der
Auswertung von Bildfolgen

Mehrere am Fraunhofer-Institut für Informations- und Datenverarbeitung
(IITB) verfügbare Ansätze zur Auswertung von Bildfolgen sollen so
weiterentwickelt werden, daß Ausgangsdaten für algorithmische Deutungs-
prozesse auf höheren Abstraktionsstufen zur Beschreibung komplexerer
dynamischer Vorgänge bereitgestellt werden können, z.B. für die Kopplung
bildverstehender und sprachverstehender Systeme (in Zusammenarbeit mit
Prof. Wahlster, Universität Saarbrücken) oder zur Untersuchung von
Datenbank-Schemata im Zusammenhang mit der rechnerinternen
Modellierung von Episoden (in Zusammenarbeit mit Prof. Lockemann,
Universität Karlsruhe).

Förderung: DFG-Sonderforschungsbereich „Künstliche Intelligenz"
01.04.1985 bis 31.12.1987
Leitung: Prof. Dr. H.-H. Nagel, Universität Karlsruhe, Fakultät für
Informatik und Fraunhofer-Institut für Informations- und
Datenverarbeitung (IITB)
Mitarbeit: Dr. G. Zimmermann
Dipl.-Ing. C.-K. Sung
Rechner: VAX 780
KI-Gebiete: Maschinensehen, Wissensrepräsentation

Projekt: Entwicklung eines Benutzerführungssystems (BFS) für
verteilte DV-Systeme

Für die Nutzer verteilter Systeme ergeben sich häufig Schwierigkeiten, an
die für ihre Problemstellung relevanten Informationen zu gelangen. Dies
trifft ebenso für die Nutzer von Kommunikationsnetzen sowie von Anlagen
eines Rechenzentrums zu.

Das Benutzerführungssystem soll den Benutzer interaktiv zu den
gewünschten Informationen führen. Dabei wird der Informationsbedarf der
unterschiedlichen Zielgruppen vom System berücksichtigt. Das Spektrum
reicht von reinen Betriebsinformationen zu solchen über die Lösung von

speziellen technischen Problemen.

Die Schwerpunkte der Forschung liegen bei der Repräsentation und der Akquisition von Wissen sowie der Gestaltung einer komfortablen Dialogschnittstelle, eines Informationssystems, wie es das Benutzerführungssystem darstellt.

Das Benutzerführungssystem wird auf einer IBM 4381 mit VM/PROLOG entwickelt.

Förderung: Forschungsschwerpunkt 60 der Landesregierung
             Baden-Württemberg, Teilprojekt 60.4
             03.04.1985 bis März 1988 (vorerst)
Partner: IBM Deutschland
             (im Rahmen der Kooperation IBM - Universität Karlsruhe)
Leitung: Prof. Dr. A. Schreiner, Uni Karlsruhe, Fak. f. Informatik,
             Lehrstuhl für Großrechenanlagen
             Tel.: (0721) 608 3158
Mitarbeiter: Dipl.-Stat. G. Mettendorf
             Dipl.-Stat. J. Ecke-Schüth
Rechner: 1 IBM AT
             2 IBM XT
             Mit-Nutzung IBM 4381, Terminals
KI-Gebiete: Expertensysteme, Logisches Programmieren,
             Heuristische Suchverfahren

Projekt: Meß- und Modellierungswerkzeuge zur Leistungsanalyse von
             Rechensystemen

Entwicklung und Realisierung von Meß- und Modellierungswerkzeugen zur Leistungsanalyse von Rechensystemen.

In mehreren Ausbaustufen soll eine Hierarchie von Modellierungs- und Meßwerkzeugen entwickelt werden, die speziell für den Einsatz auf PCs abgestimmt sind. Ein Schwerpunkt der wissenschaftlichen Arbeiten an diesem Projekt gilt der Umsetzung theoretisch erarbeiter Lösungsverfahren aus dem Bereich der Warteschlangentheorie. Im Mittelpunkt wird dabei die

Entwicklung graphischer und wissensbasierter Werkzeuge stehen, die es einem nicht mit der Warteschlangentheorie vertrauten Benutzer gestatten sollen, eine für die jeweilige Aufgabenstellung effiziente Modellierungsmethode und Lösungstechnik anzuwenden. Zur interaktiven Beratung des Benutzers soll ein System mit entsprechendem Wissen in Form eines Expertensystems zur Verfügung gestellt werden.

Ziel: Praktischer Einsatz im Rahmen eines Praktikums „Leistungsanalyse von Rechensystemen".

Förderung: IBM Deutschland, Projekt-Nr. L3/001
              Juli 1984 bis Januar 1987
Partner: Projekt im Rahmen der Kooperation zwischen der Universität
              Karlsruhe und IBM Deutschland
Leitung: Prof. Dr.-Ing. D. Schmid
              Dr. rer. nat. A. Lehmann
              Uni Karlsruhe, Institut f. Informatik IV
              Tel.: (0721) 608 3960 und 608 3963
Mitarbeiter: Dr. A. Lehmann
              Dr. H. Szczerbicka
Rechner: 2 IBM-PC/XT/AT mit Netzanschluß zu IBM 4361/4381
KI-Gebiete: Expertensysteme, Logisches Programmieren,
              Wissensrepräsentation

Projekt: Automatisches Beweisen mit vollständiger Induktion
Vollständige Induktion ist die grundlegende Beweistechnik, um Eigenschaften rekursiv definierter Funktionen zu beweisen. Daher sind Beweise durch Induktion in vielen Teilgebieten der Mathematik von zentraler Bedeutung. In der Informatik werden Induktionsbeweise immer dann geführt, wenn Eigenschaften von Schleifen und rekursiven Prozeduren verifiziert werden müssen. Ziel des Projektes ist die Kreativität „menschlicher Beweiser" in Gebieten, wie etwa, die zielgerichtete Verwendung bereits erworbenen Faktenwissens, Erzeugung von allgemeineren Sätzen, Synthese von Algorithmen aus gegebenen Spezifikationen und

Erkennen der Ordnung, nach der ein Algorithmus terminiert, nachzubilden.

Ausgehend von den Arbeiten von Boyer und Moore wird das Induktionsbeweissystem INKA entwickelt, das die bisher vorgeschlagenen und bewährten Techniken der Automatisierung von Induktionsbeweisen in folgenden Forschungsschwerpunkten erweitern soll:

(1) Entwicklung von Verfahren einen mehrsortigen Resolutionsbeweiser mit Paramodulation so anzusteuern, daß Formeln – auch unter Verwendung bereits bewiesener Lemmata – zielgerecht vereinfacht werden.

(2) Entwicklung von heuristischen Methoden zur Generalisierung von Formeln, um Beweise durch Induktion überhaupt erst zu ermöglichen.

(3) Verwendung und Weiterentwicklung von Techniken der deduktiven Programmsynthese, um Formeln mit Existenzquantoren durch Induktion zu beweisen.

(4) Entwicklung von Verfahren, um Terminierungsbeweise für die rekursiv definierten Funktionen, die dem System bekannt gemacht werden, vollautomatisch zu führen.

Durch Zusammenarbeit mit Forschungsgruppen zur Programmverifikation und zur Programmtransformation soll das System nach Abschluß der ersten Aufbauphase seine Leistungsfähigkeit unter Beweis stellen.

Förderung: DFG – Sonderforschungsbereich 314 „Künstliche Intelligenz"
                01.01.1985 bis 31.12.87

Leitung: Prof. Dr. P. Deussen, Dr. C. Walther, Uni Karlsruhe, Institut
                für Informatik 1, Tel.: (0721) 608 4207

Mitarbeiter: Dipl.-Inform. S. Biundo

                Dipl.-Inform. B. Hummel

                Dipl.-Inform. D. Hutter

Rechner: 1 Symbolics 3640

                3 μ-Vax II

KI-Gebiete: Automatisches Beweisen, Beweisen durch Induktion,
                Generalisierung, Heuristische Verfahren, Programmsynthese,
                Programmverifikation

Projekt: Verifikation von Pascal-Programmen: Reduktion logischer
                 Formeln

Programmverifikation unter Benutzung der Beweisregeln von Hoare stellt an allgemeine automatische Beweiser besondere Anforderungen. Dies liegt darin begründet, daß die für die Korrektheit des Programms hinreichenden Theoreme häufig umfangreiche logische Formeln sind, die zudem Teilformeln aus speziellen Theorien, insbesondere der Arithmetik enthalten. Deshalb ist der Einsatz von Reduktions- oder Entscheidungsprozeduren für bestimmte Theorien notwendig.

Schwerpunkt des Projekts ist der Aufbau eines Vorbeweisers, der logische Formeln vereinfacht sowie die Entwicklung geeigneter Reduktionsprozeduren für spezielle Theorien.

Der Vorbeweiser muß Entscheidungsprozeduren für verschiedene Theorien vereinigen und durch eine Agendasteuerung dafür sorgen, daß die Vereinfachung möglichst zielstrebig verläuft und Ergebnisse von Reduktionsprozeduren von anderen zu weiteren Vereinfachungen benutzt werden können.

Aufgabe der Reduktionsprozeduren ist nicht nur die Entscheidung ob alle Formeln einer Theorie gültig oder unerfüllbar sind. Formeln, die lediglich erfüllbar sind, müssen vereinfacht werden und es müssen geeignete implizierte Formeln, z.B. Gleichungen zwischen Variablen abgeleitet werden. Diese implizierten Formeln ermöglichen dann anderen Reduktionsprozeduren weitere Vereinfachungen.

Förderung: DFG – Sonderforschungsbereich 314 „Künstliche Intelligenz"
             01.01.1985 bis 31.12.1987
Leitung: Prof. Dr. P. Deussen, Dipl.-Inform. Th. Käufl, Uni
             Karlsruhe, Institut für Informatik 1, Tel.: (0721) 608 3978
Rechner: 1 μ-Vax II
KI-Gebiete: Automatisches Beweisen, spezielle Beweisprozeduren,
             Programmverifikation

Projekt: Programmieren in Logik

Im Rahmen des Projektes wird untersucht

– welche Eigenschaften eine Nachfolgesprache zu Prolog haben sollte, und wie man eine solche Sprache mittels Übersetzungstechniken effizient implementiert. Stichworte: Typisierung, einheitliche und logische fundierte Darstellung von logischem und funktionalem Programmieren.

– die Entwicklung von Methoden zum Entwurf (abstrakter) Prolog-Maschinen auf der Grundlage von Programmtransformationen.

– die Bedeutung bedingter Termersetzungssysteme und Vervollständigungsverfahren (Knuth-Bendix-Algorithmen) als Modell für logische Programmiersprachen und Interpretierer.

– die Verbesserung von Suchstrategien durch Angabe oder Analyse von Datenabhängigkeitenund Datenabstraktion. Stichworte: intelligentes Rücksetzen, mehrsortige Resolution.

Förderung: DFG – Sonderforschungsbereich 314 „Künstliche Intelligenz"
             01.01.1985 bis 31.12.1987

Partner: GMD Forschungsstelle an der Uni Karlsruhe

Leitung: Prof. Dr. P. Deussen, Dr. I. Varsek, Uni Karlsruhe, Fakultät
             für Informatik 1, Tel.: (0721) 608 4057
             und
             Dipl.-Inform. P. Kursawe, GMD Forschungsstelle an der Uni
             Karlsruhe, Technologiefabrik, Tel.: (0721) 6622 21

Mitarbeiter: Dipl.-Math. A. Bockmayr (Uni Karlsruhe)
             Dipl.-Inform. R. Dietrich (GMD)

Rechner: 1 VAXstation II (KI-Workstation) unter Ultrix-32m
             1 PCS Cadmus 9600
             1 SUN-3

KI-Gebiete: Logisches Programmieren, Termersetzungssysteme, Unifikation, Algebraische Vervollständigung, Suchverfahren

Projekt: Diagnostisches Problemlösen mit Expertensystemen

Beim diagnostischen Problemlösen werden im Gegensatz zu Konstruktion die Problemlösungen (Diagnosen) aufgrund von Symptomen <u>ausgewählt</u>, wie z.B. in der medizinischen Diagnostik oder bei der Qualitätskontrolle, Fehlersuche oder Prozeßdiagnostik in technischen Systemen. Ziel dieses Projektes ist die Bearbeitung zentraler Probleme von Expertensystemen (kompetente Problemlösung in größeren Anwendungsgebieten, vielfältige Erklärungsfähigkeiten, Wissenserwerb direkt durch Experten) durch die Integration von assoziativen, statistischen, kausalen und fallvergleichenden Wissen.

Leitung: Dr. F. Puppe, Universität Karlsruhe
               Institut für Informatik 1
KI-Gebiete: Wissensrepräsentation, Expertensysteme

Projekt: Entwicklung eines interaktiven Verifikationssytems auf der Grundlage der dynamischen Logik

Bei der automatischen Programmverifikation im Bereich imperativer Programmiersprachen wird zur Zeit meist so vorgegengen, daß mit Hilfe eines relativ einfachen Kalküls aus einer gegebenen Aussage über Programme prädikatenlogische Verifikationsbedingungen erzeugt werden. Obwohl dies bei hinlänglich reichhaltigen Datenstrukturen und nicht zu komplexen Kontrollstrukturen theoretisch immer möglich ist, ergibt sich im Hinblick auf flexiblere, natürlichere und auch einfachere Beweise der Wunsch nach stärkeren Beweissystemen, die auch auf der Ebene der Programmaussagen mehr Schlußmöglichkeiten zulassen.

Dem geplanten System zugrunde liegt die Sprache der dynamischen Logik. Ohne Bezug auf feste Datenstrukturen (uninterpretierte Stufe) soll zunächst eine umfangreiche, PASCAL-ähnliche höhere Programmiersprache axiomatisiert werden.

Das in der Entwicklung befindliche Beweissystem ermöglicht Erweiterungen des vorgegebenen Basiskalküls durch benutzerdefinierte Ableitungsregeln. Durch sogenannte Validierungsprogramme, die bei Anwendung der Regeln oder auch später aufgerufen werden können, wird die Konsistenz des erweiterten Systems sichergestellt. Die funktionale

Beweisprogrammiersprache, die auch bei den Validierungen Verwendung findet, läßt die Programmierung verschiedener Beweisstrategien zu. Es soll vor allem untersucht werden, welcher Grad an Automatisierung bei einem solchen System möglich ist.

Förderung:	DFG, geplante Laufzeit 4 Jahre,
	zunächst Anfang 1986 bis Ende 1987
Leitung:	Prof. Dr. W. Menzel, Dr. W. Stephan, Uni Karlsruhe, Institut
	für Informatik 1, Tel.: (0721) 608 3919
Mitarbeiter:	Dipl.-Inform. M. Heisel
	Dipl.-Inform. W. Reif
Rechner:	2 SUN 75/8
	1 SUN 50/4
KI-Gebiete:	Programmverifikation, Automatisches Beweisen

Gesamthochschule Kassel
FB 8 – Anglistik/Romanistik
Heinrich-Plett-Str. 40
3500 Kassel

A. Lehre

In regelmäßigem Turnus angebotene Vorlesungen:

LISP I f. d. Diplomstudiengang Anglistik/Romanistik	2+2, WS
LISP II f. d. Diplomstudiengang Anglistik/Romanistik	2+2, SS

Seminare:

  Weiter mit LISP (FB 17)   2, SS

Scheine:

LISP-Schein als Schein für „Angewandte Textwissenschaft" des Diplomstudienganges Anglistik/Romanistik

Dozenten:

Dipl. Math. D. Suter	LISP
(Lehrauftrag)	Natürlichsprachliche Systeme

Gesamthochschule Kassel
Hochschulrechenzentrum
Mönchebergstr. 11
3500 Kassel

B. Forschung

Projekt: Portierung des C-Compiler/Interpreters für CommonLISP auf
                  das BS 2000

Förderung: ab April 1986
Partner: GHK, Siemens
Leitung: Prof. Dr. Dirlewanger, Gesamthochschule Kassel, HRZ,
                  Tel.: (0561) 804 2299
Mitarbeiter: Dipl.-Math. D. Suter, HRZ, Tel.: (0561) 804 2545
                  Dr. W. Wätzig, HRZ, Tel.: (0561) 804 2436
Rechner: VAX 11/750
                  Siemens 75906

Christian-Albrechts-Universität Kiel
Institut für Informatik u. Praktische Mathematik
Olshausenstraße 40
2300 Kiel
Tel.: (0431) 880 4461 (Sekretariat)

A. Lehre

Unregelmäßig angebotene Vorlesungen:

Programmtechniken für die KI	2+1
Funktionale Programmierung	2+1
Deduktive Datenbanksysteme	2+1
Automatisches Beweisen	2+1
Term-Rewriting	2 - 4
Zellulare Automaten	2 - 4
Partielle Auswertung	2 - 4

Seminare:
    KI-Themen werden regelmäßig in Rahmen von Seminaren angeboten
Sonstige Ausbildungsangebote:
    Diplomarbeiten
Scheine:
    Übungsscheine werden für das Hauptstudium anerkannt
Integration in Hauptprüfung:
    KI als Vertiefungsfach
Dozenten:

Prof. Dr. P. Kandzia	Deduktive Datenbanksysteme, Expertensysteme
Prof. Dr. H. Langmaack	Automatisches Beweisen, KI-Untersützung zur Konstruktion korrekter Software

Prof. Dr. H. Kröger   Termersetzungsverfahren,
                                       zellulare Automaten,
                                       partielle Auswertung
Prof. Dr. F. Simon   LISP

B. Forschung

Projekt: Grundlagenuntersuchungen zur Künstlichen Intelligenz,
                 insbesondere zur Übersetzung produktionsreifer Experten-
                 systeme

Bei der Firma Dr. Ing. Rudolf Heil, Kiel, ist daran gedacht, das
CHROMACOM-System zur Bilderzeugung mit Methoden aus der
Künstlichen Intelligenz anzureichern. Es sollen Grundlagenuntersuchungen
zur KI betrieben werden, insbesondere zur Übersetzung produktionsreifer
LISP-Software in effizienten Zielcode von kostengünstigen Rechnern, wie
sie im Rahmen des CHROMACOM-Systems benutzt werden oder zukünftig
benutzt werden können. Bei der LISP-Software ist u.a. an solche gedacht,
die sich um Expertensysteme rankt, um z.B. die Bildscanner-Bedienung zu
vereinfachen oder die Bildkomposition zu verbessern.

Förderung: Fa. Dr. Ing. Rudolf Heil, Kiel, 3 Jahre
Partner: Fa. Dr. Ing. Rudolf Heil, Kiel
Leitung: Prof. Dr. H. Langmaack, Uni Kiel,
              Institut für Informatik und Praktische Mathematik
              Tel.: (0431) 880 4461
Mitarbeiter: Dr. F. Simon
              Dipl.-Inform. D. Ackermann
              Dipl.-Inform. W. Goerigk
Rechner: Racal-Norsk KPS
KI-Gebiete: Expertensysteme, Deduktionssysteme, Software-Techniken
              für die KI

Projekt: Term-Rewriting-Methoden zur Verifikation und Erzeugung
                 von Code-Generatoren

Der in Kiel im Rahmen des CAT-Projekts entwickelte, auf VDM
basierende, partiell automatische Codegenerator-Generator soll mit Hilfe
von Term-Rewriting-Methoden noch stärker automatisiert werden, um den
Übersetzererzeugungsprozeß noch sicherer, d.h. fehlerunanfälliger zu
machen.

Förderung: DFG
             zunächst 1 Jahr, Verlängerung geplant
Leitung: Prof. Dr. H. Langmaack
            Prof. Dr. H. Kröger
            Uni Kiel, Institut f. Informatik u. Praktische Mathematik
Mitarbeiter: studentische Hilfskräfte
Rechner: Rechner des Instituts und Rechenzentrums
            z.B. SIEMENS 7.760, PCS etc.
KI-Gebiete: Deduktionssysteme, Programmverifikation,
            Programmsynthese, Term-Rewriting

Projekt: Ein System für partielle und residuale Auswertung,
                 Code-Erzeugung und semantisch gesteuerte Generierung von
                 Compilern

Im Bereich der Codegenerierung und der semantischen Generierung von
korrekten Compilern gewinnen Methoden der partiellen Auswertung im
Sinne von Y. Futamura (1971) an Bedeutung. Man kann den Vorgang des
Übersetzers als partielle Interpretation (= partielle Auswertung eines
Interpretierers) auffassen. Das zugrunde liegende Prinzip läßt sich unmittel-
bar für die Erzeugung von Compilern und Compilergeneratoren verwenden.
1985 haben wir ein LISP geschriebenes Programmsystem entwickelt, das
das obige „Papier- und Bleistift- Resultat" auf dem INTERLISP-System der
SIEMENS 7.760 realisiert.

Leitung: Prof. Dr. H. Kröger, Uni Kiel,
                Institut f. Informatik und Praktische Mathematik
                Tel.: (0431) 880 4461
Mitarbeiter: Diplomanden
Rechner: Rechner des Instituts und Rechenzentrums,
                insbesondere SIEMENS 7.760
KI-Gebiete: Term-Rewriting, partielle Auswertung, symbolische
                Auswertung, Programmverifikation, Programmsynthese

Erziehungswissenschaftliche Hochschule
Rheinland-Pfalz (Koblenz)
Studiengang Angewandte Informatik,
Schwerpunkt Linguistik
Rheinau 3-4
5400 Koblenz-Oberwerth
Tel.: (0261) 12156

A. Lehre

In regelmäßigem Turnus angebotene Vorlesungen:

KI – kognitive Grundlagen	2+0 Pfl, jedes WS
KI-Methoden	2+2 WPfl, jedes SS
KI-Systeme	2+2 WPfl, jedes SS
Natürlichsprachl. Informationssysteme	2+2 WPfl, jedes WS

Unregelmäßig angebotene Vorlesungen:

Automatische Spracherkennung und
-erzeugung   2+2 WPfl
Exemplarische Analyse eines
Anwendungssystems   2+2 WPfl
Zuordnung zur KI nicht fest, da abhängig vom Dozenten (derzeit meist
Lehrbeauftragte)

Sonstige Ausbildungsangebote:

Studienarbeiten
Diplomarbeiten

Scheine:

je 1 Schein aus KI – Kognitive Grundlagen und KI-Systeme
Voraussetzung für die Zulassung zur Hauptdiplomprüfung

Integration in Hauptprüfung:

KI als Gegenstand des Prüfungsgebietes „Mensch-Maschine-Kommunikation" (= Teilprüfung II im Schwerpunkt Linguistik) möglich

Dozenten:

Akad.Rat Dr. Hans Dieter Lutz   Natürlichsprachliche Systeme,
                                         Wissensrepräsentation

Universität Köln
Rechenzentrum
Robert-Koch-Straße 10
5000 Köln 40
Tel.: (0221) 478 5586

A. Lehre

In regelmäßigem Turnus angebotene Vorlesungen:

Programmierung in LISP	2+0, jedes WS

Unregelmäßig angebotene Vorlesungen:

Einführung in die KI I	2+0
Einführung in die KI II	2+0
Programmiersprachen für symbolische Mathematik	2+0

Dozenten:

Dr. Dietrich Krekel	
Dr. Rüdiger Esser	LISP, Symbolische Mathematik

Universität Konstanz
Informationswissenschaft
Postfach 5560
7750 Konstanz
Tel.: (07531) 88 2878

A. Lehre

In regelmäßigem Turnus angebotene Vorlesungen:
    Intelligente Informationssysteme   2+0, jedes WS
Sonstige Ausbildungsangebote:
    Projektkurs: Programmierung von
    KI-Problemen (PROLOG; alter.LISP)   8
    Studienarbeiten, Diplomarbeiten
Scheine:
    Scheine zu IIS und ein Programmier-Projektkurs sind für das Diplom
    anerkannt
Integration in Hauptprüfung:
    Sektor „Intelligente Informationssysteme" kann als Schwerpunkt der
    Diplom-Prüfung gewählt werden
Dozenten:

U. Hahn	Intelligente Informationssysteme, Natürlichsprachliche Systeme, KI-Programmierung
R. Hammwöhner	Mensch-Maschine-Kommunikation, KI-Programmierung
U. Reimer	Wissensrepräsentationsverfahren, KI-Programmierung
U. Thiel	Intelligente Informationssysteme, KI-Programmierung, Mensch-Maschine-Kommunikation

B. Forschung

Projekt: Automatische Textkondensierung und text-orientiertes Informationsmanagement (TOPIC II/TOPOGRAPHIC II)

In der TOPIC-Komponente des Projektes werden Verfahren zur automatischen Zusammenfassung (Abstracting) deutschsprachiger Fachtexte aus dem Bereich der Informationstechnik entwickelt. Schwerpunkte sind dabei - neben der eigentlichen Entwicklung von Kondensierungsverfahren - die Berücksichtigung von Textkohäsions- und Textkohärenzfaktoren beim Text-Parsing und die Beherrschung von Validitäts- und Konsistenzproblemen.

Die TOPOGRAPHIC-Komponente erlaubt auf graphischer Interaktion beruhenden Zugriff zu Textwissensbasen in einem durch Retrievalheuristiken situationsspezifisch adaptierenden Dialog. Neben technischen und kognitiven Aspekten der Präsentation stark vernetzter (Wissensrepräsentations-)Strukturen bilden die Entwicklung einer graphischen Retrievalsprache und einer Dialogführungskomponente auf der Basis von Benutzermodellen die Arbeitsschwerpunkte.

Förderung: BMFT/GID (Förderungskennziffer 10200160)
01.03.1985 bis 31.12.1986
Leitung: Prof. Dr. R. Kuhlen, Uni Konstanz,
Informationswissenschaft, Tel.: (07531) 88 2897
Mitarbeiter: U. Hahn (TOPIC II)
U. Reimer (TOPIC II)
R. Hammwöhner (TOPOGRAPHIC II)
U. Thiel (TOPOGRAPHIC II)
Rechner: 1 CADMUS 9200
KI-Gebiete: Natürlichsprachliche Systeme, Logisches Programmieren,
Wissensrepräsentation

Technische Universität München

Institut für Informatik

Arccisstr. 21

8000 München 2

Tel.: (089) 2105 8261

A. Lehre

In regelmäßigem Turnus angebotene Vorlesungen:

Anwendung der KI	2, jedes 2. Sem.
Bildanalyse	2, jedes 2. Sem.
Methoden der KI	2, jedes 2. Sem.
Expertensysteme	3, jedes WS

Unregelmäßig angebotene Vorlesungen:

Beweistheorie

Deduktive Datenbanken

Industrielle Bildverarbeitung   2

Programmiersysteme der KI

Seminare:

Bildverstehen

Planungssysteme für Roboter

Expertensysteme

Knowledge Acquisition & Machine Learning

Repräsentation von Raum und Zeit in der KI

(u.a.)

Sonstige Ausbildungsangebote:

Praktika in verschiedenen Bereichen der KI, z.B.:

Bildverarbeitung

Aufbau wissensbasierter Systeme

Expertensysteme

Machine Learning

AI-Methoden für Entwurfsautomatisierung

Deduktion

Programmsynthese

KI-Programmierung

Wissensrepräsentation

Scheine:

Übungsschein zur Vorlesung Expertensysteme

Scheine für Praktika

Integration in Hauptprüfung:

Integration in Hauptprüfung ist möglich

Dozenten:

Prof. Dr. R. Bayer	Expertensysteme
Prof. Dr. W. Brauer	Theoretische Informatik
Prof. Dr. U. Güntzer	Beweistheorie
	Expertensysteme
Prof. Dr. B. Radig	Wissensbasierte Systeme
	speziell Bildverstehen

B. Forschung

Projekt: Verwendung von Beweisverfahren in der Programmierung
Das Ziel dieses Projektes ist die Entwicklung eines Systems namens LOPS
(LOgische Programm-Synthese), das für bestimmte Programmieraufgaben
in der Lage ist, eine logisch deskriptive Problemspezifikation in algo-
rithmische Form zu überführen. Eine wichtige Teilaufgabe ist hierbei die
Implementierung eines Beweisverfahrens, das als Komponente in das
Gesamtsystem integriert werden soll.

Förderung: DFG-Projekt Bi 228/3-4
             bis 31.04.1982 mit anderen Mitarbeitern
             01.11.1982 bis 31.10.1986 mit den unten angegebenen
             Mitarbeitern

Leitung: Dr. W. Bibel, TU München, Institut f. Informatik,
                Forschungsgruppe KI Tel.: (089) 2105 8163
Mitarbeiter: Dr. E. Eder
                Dipl.-Math. B. Fronhöfer
Rechner: 1 KBS-10 (DFG)
                1 TARGON-35
                1 SUN
                1 SYMBOLICS-3640
                1 ATARI
KI-Gebiete: Deduktionssysteme, Programmsynthese

Projekt: Parallelverarbeitungsmodelle für Problemstellungen in der KI
Projektziel ist es, neue, auf Parallelverarbeitung ausgerichtete Methoden der
KI im Rahmen eines implementierten Systems, das für realistische
Anwendungsverfahren interessant ist, zu erproben und weiterzuentwickeln.
Das zu implementierende System soll Aufgaben in einem Bereich lösen, der
zu den Standardbereichen gehört, in denen KI-Methoden getestet und
weiterentwickelt werden: die Verarbeitung natürlicher Sprache.
Untersuchungsgegenstand sind Modelle der Parallelverarbeitung für
– Prozesse zielorientierter Aufgabenlösung in einem Sachgebiet
– Prozesse der Produktion zusammenhängender natürlichsprachlicher Sach-
beschreibungen
– Prozesse der Organisation verbaler Interaktionen.

Förderung: DFG Projektnummer BR 609/4-1
                01.08.1986 bis 31.07.1988
Partner: M. Gehrke, Siemens AG München, ZT ZTI INF
                Prof. Dr. Metzing, Uni Bielefeld, Fakultät f. Linguistik u.
                Literaturwissenschaften
                Th. Christaller, GMD Bonn
Leitung: Prof. Dr. W. Brauer, TU München, Institut f. Informatik
                Tel.: (089) 2105 2401

                    Ch. Freska Ph.D., TU München, Institut f. Informatik
                    Tel.: (089) 2105 2606
Mitarbeiter: E. Klöck   Linguistik
                    E. Prassler   Informatik
Rechner: Xerox 1186
KI-Gebiete: Natürlichsprachliche Systeme, Wissensrepräsentation, Fuzzy
                    Heuristische Suchverfahren, Planverfahren

Projekt: Wissensgesteuerter Strukturvergleich

Es soll untersucht werden, wie das Toleranzverhalten eines inexakten Strukturvergleiches zwischen Bildern einer Folge durch Wissen gesteuert werden kann, das bei der Auswertung einer Bildfolge sukzessive akkumuliert wird. Ortsveränderung, Verdeckung, Beleuchtungsänderung von Objekten sind nur einige der Phänomene, die aus den Bildern ermittelt werden können. Ein wissensbasiertes System, das a-priori-Wissen und aktuell ermitteltes Wissen sowie geeignete Regeln enthält, soll den Strukturvergleich adaptiv steuern.

Förderung: DFG
                    1. Projektjahr 1985 in Hamburg,
                    Weiterführung an der TU München geplant
Leitung: Prof. Dr. B. Radig, TU München, Institut f. Informatik
Mitarbeiter: M. Gerlach (1. Projektjahr)
                    N.N.
KI-Gebiete: Computersehen, Wissensrepräsentation, Heuristische
                    Suchverfahren

Projekt: ESPRIT-Projekt 415 F
                    Parallel Architectures and Languages for Advanced Infor-
                    mation Processing – A VLSI-directed Approach; Parallel
                    Inference Machine

Design und Konstruktion eines automatischen Theorembeweisers, basierend auf der Konnektionsmethode. VLSI-Implementierung des

Beweisers auf einer parallelen Inferenzmaschine.

Förderung: EG und Nixdorf Computer AG
             01.01.1984 bis 31.12.1988
Partner: LIFIA – Grenoble
Leitung: Dr. W. Bibel, TU München, Institut f. Informatik
             Tel.: (089) 521098
Mitarbeiter: K. Aspetsberger
             Dr. S. Bayerl
             F. Kurfeß
             R. Letz
             P. Langner (Sekr.)
             Hilfskräfte
Rechner: TARGON 35 (Nixdorf)
KI-Gebiete: Deduktionssysteme, Logisches Programmieren, Heuristische
             Suchverfahren, Planverfahren, Nichtmonotone Logiken,
             Programmsynthese, Programmverifikation

Projekt: A Logic Oriented Approach to Knowledge and Data Bases
             Supporting Natural User Interaction (LOKI)

Die Teilaufgabe der TUM innerhalb des Gesamtprojektes LOKI besteht
darin, Wissensstrukturen zu analysieren und in einer geeigneten
Formalisierung zu repräsentieren. Das untersuchte Wissensgebiet ist
Expertenwissen zum Flugzeugentwurf.

Förderung: ESPRIT - Projekt 107
             01.08.1983 bis 31.07.1988
             (Verlängerung um 18 Monate geplant)
Partner: BIM (Belgian Institute of Management)
             Scicon Ltd.
             SCS GmbH
             IAO

                CCI (Cretan Computer Institute)
                CA (Cranfield College of Aeronautics)
                UH (INKA)
Leitung: Dr. W. Bibel, TU München, Institut f. Informatik
                Tel.: (089) 521099
Mitarbeiter: N. Erol
                J. Schneeberger
Rechner: SUN 2/50 Workstation
KI-Gebiete: Expertensysteme, Wissensrepräsentation

Projekt: Advanced Logic Programming Environments
Definition and Prototyping of Advanced Logical Programming Environments.

Förderung: EG
                Dez. 1984 bis Mitte 1989
Partner: CRIL, Paris
                LRI, Paris
                BULL, Paris
                ENIDATA, Bologna
                Universität Lissabon
Leitung: Dr. W. Bibel, TU München, Institut f. Informatik
                Tel.: (089) 2105 8163)
Mitarbeiter: B. Fronhöfer
                Dr. Kreitz
                G. Neugebauer
Rechner: Microvax II
KI-Gebiete: Logisches Programmieren, Programmsynthese

Projekt: Study and Development of Proof Techniques and their
                Application to Programming

Förderung: EG Dez. 1983 bis Dez. 1987

Partner: Institut IMAG – Grenoble
                Universität Linz
Leitung: Dr. W. Bibel, TU München, Institut f. Informatik
                Tel.: (089) 2105 8163
Mitarbeiter: ca. sechs. Das Projekt besitzt keine Personalmittel, sondern
                fördert nur die Kommunikation.
KI-Gebiete: Deduktionssysteme, Logisches Programmieren, Programm-
                synthese

Projekt: Expertensystem für montagegerechtes Konstruieren

Ziel des Projekts ist die Entwicklung eines Expertensystems, das die Arbeit
von Konstrukteuren hinsichtlich eines montagegerechten Designs
wesentlich unterstützt. In der ersten Projektphase wird ein geeigneter
Formalismus zur Wissensrepräsentation entwickelt und ein erstes Proto-
typsystem implementiert.

Förderung: 1986 bis 1989
                (möglicherweise BMFT)
Partner: Technische Hochschule Darmstadt
                Digital Equipment, Kaufbeuren
Leitung: Dr. W. Bibel, TU München, Institut f. Informatik.
                Tel.: (089) 2105 8163
Mitarbeiter: G. Strobl
Rechner: DEC VAXstation II
KI-Gebiete: Expertensysteme, Wissensrepräsentation

Projekt: WISDOM - Wissensbasierte Systeme zur Bürokommunikation

Dokumentenbearbeitung, Organisation, Mensch-Computer-Kommunikation
Teilprojekt: „KOKON" (Kontrakt-Konfigurierung) in WISDOM: Ziel ist die
Entwicklung eines wissensbasierten Systems zur Unterstützung der
Konfigurierung von notariellen Verträgen. Es werden drei aufeinander
aufbauende Prototyp-Systeme realisiert.

Im Rahmen von KOKON gibt es eine besonders enge Kooperation mit der GEI Systemtechnik.

Förderung:	BMFT (Geschäftszeichen 413-5839-ITW8404D2)
	1.11.1984 bis 31.12.1988
Partner:	TA Triumph Adler, Nürnberg (federführend)
	GMD, St. Augustin
	FHG-IAO, Stuttgart
	Uni Stuttgart, Projektgruppe INFORM
	GEI Systemtechnik, München
Leitung:	Dr. W. Bibel, TU München, Institut f. Informatik
	Tel.: (089) 521 099
Mitarbeiter:	A. Strasser
	J. Schneeberger
	P. Langner (Sekr.)
Rechner:	Symbolics 3640
KI-Gebiete:	Expertensysteme, Deduktionssysteme, Cognitive Science, Logisches Programmieren, Wissensrepräsentation, Planverfahren Nichtmonotone Logiken

Technische Universität München

FB Medizin

Institut f. Medizinische Statistik und Epidemiologie der TU

Sternwartstr. 2

8000 München 80

Tel.: (089) 41404321

A. Lehre

In regelmäßigem Turnus angebotene Vorlesungen:

    Repräsentation von Wissen in   2, jedes WS

    Expertensystemen der Medizin

    Wisssensbasierte Systeme für   2, jedes WS

    medizinische Anwendungen

Sonstige Ausbildungsangebote:

    Praktikum KI-Programmiertechniken

    Diplomarbeiten

    Doktorarbeiten in der Medizin

Integration in Hauptprüfung:

    KI als Teilgebiet innerhalb des Nebenfaches Theoretische Medizin für

    das Studium in Informatik

Dozenten:

    Prof. Dr. R. Thurmayr   Medizinische Expertensysteme

    AOR M. Schnabel   Medizinische Expertensysteme

B. Forschung

Projekt: Entwicklung eines medizinischen Expertensystems

Wissensakquisition in der Klinischen Toxikologie

Erstellen einer Expertensystem-Schale und Aufbau von Wissensbasen für

– Hämatologie

- Gynäkologie
- Schweregradbestimmungen chronischer Erkrankungen
- Pankreaserkrankungen

Partner: Kliniken des Klinikums r. d. Isar
Leitung: Prof. Dr. med. R. Thurmayr, TU München, FB Medizin
               Tel.: (089) 41404329
Mitarbeiter: M. Schnabel
               J. Schöffel
               R. Busch
Rechner: Rechnerverbund von SIEMENS-Rechenanlagen 7.531,
               7.536, 7.762
KI-Gebiete: Expertensysteme, Wissensrepräsentation

Universität der Bundeswehr München
Fakultät für Luft- und Raumfahrttechnik
W. Heisenberg Weg 39
8014 Neubiberg

B. Forschung

Projekt: Erfassung und Steuerung von Bewegungen in einer
technischen Umgebung durch Fernsehbildfolgen-Verarbeitung

Förderung: DFG
01.10.1984 bis 31.03.1989

Leitung: Prof. Dr.-Ing. E.D. Dickmanns, Uni der Bundeswehr
München, Fakultät f. Luft- und Raumfahrttechnik
Tel.: (089) 60042077 / 3583

Mitarbeiter: H.J. Wünsche, M.Sc.

Rechner: Prozeßrechner
Multimikrorechnersystem

KI-Gebiete: Computersehen, Robotik

Projekt: Autonom mobile Systeme; Steigerung der Verkehrssicherheit
durch automatische Hinderniserkennung und Fahrzeug-
führung

Förderung: BMFT, Daimler Benz AG
1985 bis 30.03.1989

Partner: Daimler Benz AG, Stuttgart

Leitung: Prof. Dr.-Ing. E.D. Dickmanns, Uni der Bundeswehr
München, Fakultät für Luft- und Raumfahrttechnik
Tel.: (089) 60042077 / 3583
Dipl.-Ing. H. Frank, Daimler Benz

Mitarbeiter: 2 Mitarbeiter

Rechner: Prozeßrechner

                Simulationsrechner

                Multimikrorechnersysteme

KI-Gebiete: Computersehen, Robotik, Planverfahren

                Wissensrepräsentationsverfahren

Ludwig-Maximilians-Universität München
FB 10 – Seminar für Philosophie, Logik und Wissenschaftstheorie
Ludwigstr. 31/I
8000 München 22
Tel.: (089) 2180 3469

A. Lehre

Seminare:

Pro Semester ein Seminar aus folgenden Themenkreisen (2-stündig pro Sem.):

Einführung in die KI

Logische Grundlagen der KI

Deduktion und KI

Sonstige Ausbildungsangebote:

Am Seminar für Philosophie, Logik und Wissenschaftstheorie werden zahlreiche Seminare und Vorlesungen aus den KI-nahen Gebieten Logik, Linguistik, Sprachphilosophie, analytische Philosophie und Wissenschaftstheorie angeboten.

Scheine:

Proseminarscheine

Dozenten:

Dr. S. Bayerl   Logische Grundlagen der KI
                                                 Linguistik

Westfälische Wilhelms-Universität Münster
Institut f. Medizinische Informatik u. Biomathematik
Domagkstraße 9
4400 Münster
Tel.: (0251) 83 5262

B. Forschung

Projekt: Automatische Indexierung
Entwicklung und Pflege eines mehrdimensionalen Klassifikationssystems
für medizinische Termini als Grundlage automatischer Indexierungs-
verfahren. Die in der 1. Auflage publizierte „Systematisierte Nomenklatur
der Medizin" wird anhand der aktuellen Terminologie ständig ergänzt. Sie
dient als Grundlage eines Programmsystems zur automatischen Indexierung
und zur Abbildung in die internationale Klassifikation der Krankheiten.

Leitung: Prof. Dr. F. Wingert, Uni Münster
               Institut f. Medizinische Informatik u. Biomathematik
               Tel.: (0251) 83 5262
Mitarbeiter: Dr. N. Osada
Rechner: IBM 3032
KI-Gebiete: Natürlichsprachliche Systeme, Wissensrepräsentation

Universität Oldenburg

Institut für Kognitionsforschung

Postfach 2503

2900 Oldenburg

Tel.: (0441) 7988238

A. Lehre

In regelmäßigem Turnus angebotene Vorlesungen:

    Kognitionspsychologie   4+2, jedes Semester

    Denken   2+0, jedes 2. Semester

Seminare:

    Psychologische Aspekte der KI

    Kognitionspsychologische Grundlagen von Tutorsystemen

    Wissenspsychologie

Sonstige Ausbildungsangebote:

    Diplomarbeiten (Psychologie)

    Projektmitarbeit

Scheine:

    nur im Nebenfach Psychologie

Dozenten:

    Prof. Dr. H. Colonius   Kognitionspsychologie

    Prof. Dr. E. Scheerer   Kognitionspsychologie

    Prof. Dr. G. Szagun   kognitive Entwicklungs-
                                                     psychologie

B. Forschung

Projekt: Entwicklung einer adaptiven Wissensdiagnostik- und Fehlererklärungskomponente beim Erwerb von Programmierwissen

In dem Projekt sollen wissenschaftliche Grundlagen für einen adaptiven Computertutor erarbeitet und Komponenten eines solchen entwickelt werden. Der Tutor soll Wissen aus einem Teilgebiet der Informatik vermitteln und den Übergang vom Novizen zum Experten in einem „Partnermodell" festhalten. Dabei soll verhindert werden, daß kompetente Lernende unterfordert und Novizen durch den Tutor überfordert werden. Eine wesentliche Komponente eines derartigen Tutors ist die Wissens- diagnostik- und Fehlererklärungskomponente. Erstere untersucht die Fehler des Lernenden und entwickelt Hypothesen über Defizite und Fehlerkonzepte des Lernenden, letztere versucht, dem Lernenden eine optimale Rück- meldung zu geben.

Förderung: DFG-Projektnummer Mo 292/3-1 im Schwerpunktprogramm
„Wissenspsychologie"
Jan. 1986 bis Dez. 1986 (Verlängerung um 2 Jahre geplant)

Partner: Universität Oldenburg, FB 10 – Informatik

Leitung: Prof. Dr. H. Colonius, Uni Oldenburg, Institut für Kognitionsforschung, Tel.: (0441) 7988238
Prof. Dr. C. Möbus, Uni Oldenburg, FB 10 – Informatik
Tel.: (0441) 7982900

Mitarbeiter: Dipl.-Inform. K. Kohnert
Dipl. Psych. O. Schröder
Stud.ass. G. Meyer

Rechner: Xerox 1108 (LISP)

KI-Gebiete: Cognitive Science, Lernen, Wissensrepräsentation

Universität · Gesamthochschule · Paderborn
FB Mathematik - Informatik
Warburgerstraße 100
4790 Paderborn
Tel.: (05252) 602 626 (Dekanat)

A. Lehre

In regelmäßigem Turnus angebotene Vorlesungen:
  Nicht-monotone lernende Automaten I   4+2, jedes WS
  Nicht-monotone lernende Automaten II 4+2, jedes SS
Scheine:
  Scheinerwerb durch Klausur
Integration in Hauptprüfung:
  nicht vorgesehen
Dozenten:
  Prof. Dr. C. Kuck   Programmverifikation

B. Forschung

Projekt: Human Factors in Teleinformatics: User Modelling and User
            Interface Specification
a) Entwicklung von Beschreibungsmethoden für mentale Modelle von
Benutzern über die Arbeit mit Computersystemen
b) Modellierung von Wissensbasen zur Verwendung in einem User
Interface Manager
c) Wissensmodellierung und Aufgabenrepräsentation zu Computerwerk-
zeugen (Texteditoren, Datenbanken, Mailboxes,...)

Förderung: Commission of European Communities COST 11 tor,
            Januar 1986 bis Dezember 1987

Partner:	Vrije Universitat Amsterdam
	University of Loughborough
	University of Stockholm
Leitung:	Dr. Michael J. Tauber, Uni Paderborn,
	FB Mathematik - Informatik
	Tel.: (05251) 602 630
Mitarbeiter:	Dr. Lehner
KI-Gebiete:	Cognitive Science

Universität Passau

Fakultät für Mathematik und Informatik

Innstr. 27

8390 Passau

Tel.: (0851) 509345

A. Lehre

In regelmäßigem Turnus angebotene Vorlesungen:

Fakultät ist noch im Aufbau, daher noch kein regelmäßiger Turnus an Vorlesungen

Unregelmäßig angebotene Vorlesungen:

LISP

PROLOG

Logische und funktionale Programmierung

Implementierung von Programmiersprachen

Dozenten:

Prof. Dr. M. Wirsing

(Lehrstuhl f. Informatik)

Universität Regensburg

Philosophische Fakultät 4

Institut für Allgemeine Sprachwissenschaft

Fachgebiet Linguistische Informationswissenschaft

Postfach 397

8400 Regensburg

Tel.: (0941) 9431

    (0941) 9433585/86

A. Lehre

In regelmäßigem Turnus angebotene Vorlesungen:

KI: Grundlagen, Theorie	2
KI u. maschinelle Sprachverarbeitung	2
(Teil IV und V des 6-teiligenZyklus: Grundlagen Linguistischer Informationswissenschaft)	
PROLOG I (praktische Übung)	2, jedes 2. Semester
PROLOG II (praktische Übung)	2, jedes 2. Semester
Maschinelles Parsing I und II	
(Teil II und III des 6-teiligen Zyklus: Grundlagen Linguistischer Informationswissenschaft)	

Unregelmäßig angebotene Vorlesungen:

Informatielle Prozesse	2
Natürlichsprachliche FAS	2
Prozedurale Sprachbeschreibung	2
Benutzerforschung	2

Seminare:

Ausgewählte Probleme der KI-Forschung	2
Empirische Untersuchungen zu	

natürlichsprachlichen Systemen   2

Bewertungsverfahren   2

Maschinelle Übersetzung   2

Sonstige Ausbildungsangebote:

Einführungskurse in die Linguistische Informationswissenschaft

Lehrangebote zum IuD-Bereich, angewandte Informatik, Informationswissenschaft

Oberseminar: Projekte, neuere Literatur (u.a. KI)

Scheine:

PS, HS, Übungen

Integration in Hauptprüfung:

Teil der Linguistischen Informationswissenschaft

Magister

Promotion

Habilitation

Dozenten:

Prof. Dr. J. Krause

Dr. L. Hitzenberger

B. Forschung

Projekt: FACID: Fachsprachliches Corpus informationsabfragender
                 Dialoge

Erstellung eines Corpus von informationsabfragenden Dialogen v.a. aus
dem Bereich der Bürokommunikation.

Erarbeitung einer Grammatik zur Beschreibung dieses Fragetyps, sowie
Untersuchungen zu Fragestrategien, Diskursanalyse und Simulation
verschiedener Ebenen der Mensch-Maschine-Kommunikation.

Förderung: Drittmittelforschung:

            Siemens München: Okt. 1985 bis Okt. 1986

            (im Rahmen des F+E-Projekts Spicos /Siemens-Philips)

Partner:	Siemens AG, ZTI INF 13, München
Leitung:	Prof. Dr. J. Krause, Uni Regensburg, Inst. f. Allgemeine Sprachwissenschaft, Tel.: (0941) 9433585/86
	Dr. L. Hitzenberger, Uni Regensburg, Inst. f. Allgemeine Sprachwissenschaft, Tel.: (0941) 9434195
Mitarbeiter:	R. Ulbrand
	H. Kritzenberger
	P. Wenzel
	G. Spettel
KI-Gebiete:	Natürlichsprachliche Systeme

Universität Regensburg
Institut für Psychologie
8400 Regensburg
Tel.: (0941) 9433806

A. Lehre

Seminare:

Formale Grundlagen der Computersimulation (pro SS)

Seminar u. Praktikum: Techniken der Wissensrepräsentation

Seminar u. Praktikum: Sprachverarbeitung

Seminar u. Praktikum: Problemlösen (Deduktion u. Inferenz)

(von den drei zuletzt genannten Veranstaltungen wird pro Semester ein

Seminar und Praktikum angeboten)

Sonstige Ausbildungsangebote:

Diplomarbeiten

Scheine:

Seminar- und Praktikumsscheine für Vor- und Hauptdiplom anerkannt

Integration in Hauptprüfung:

Computersimulation und KI als Schwerpunkt in einem der

Vertiefungsfächer in der Hauptdiplomprüfung wählbar

Dozenten:

Dr. J. Krems	Expertensysteme
	Sprachverarbeitung
	Kognitive Modellierung
M.A.P. Rosenbeck	Programmiertechnik
	Wissensrepräsentation
	Theorembeweisen

Universität des Saarlandes
FB Informatik
Im Stadtwald 15
6600 Saarbrücken 11
Tel.: (0681) 302 4318

A. Lehre

In regelmäßigem Turnus angebotene Vorlesungen:

Künstliche Intelligenz I	2+2, jedes 3. Sem.
Künstliche Intelligenz II	2+2, jedes 3. Sem.
Vorlesung aus dem Bereich	
Natürlichsprachliche Systeme	2+2, jedes 2. Sem.
Expertensysteme	2+2, jedes 3. Sem.
Programmverifikation	4+2, jedes 4. Sem.

Unregelmäßig angebotene Vorlesungen:

Wissensrepräsentation	2+2
Planungssysteme	2+2
KI-Programmiersprachen	2+2

Seminare:

Seminar oder Proseminar aus dem Bereich der natürlichsprachlichen Systeme (jedes Semester)

Oberseminar: Künstliche Intelligenz und Datenbanken (jedes Semester)

Sonstige Ausbildungsangebote:

Fortgeschrittenenpraktikum wissensbasierte Systeme, Blockkurse LISP und PROLOG, Diplomarbeiten, Dissertationen

Scheine:

Seminarscheine und Scheine des Fortgeschrittenenpraktikums werden für das Hauptdiplom anerkannt.

KI ist ein mögliches Prüfungsfach im Gebiet der Praktischen Informatik.

Dozenten:

Prof. Dr. W. Wahlster	Grundlagen der KI, Natürlichsprachliche Systeme

Prof. Dr.-Ing. J. Loeckx   Programmverifikation

Dr. A. Kobsa

und weitere Mitarbeiter des Lehrstuhls für KI und Datenbanksysteme
(Lehraufträge)

B. Forschung

Projekt: Entwicklung eines aktiven, wissensbasierten Hilfesystems für
             SINIX

Der SINIX Consultant (SC) ist ein aktives wisssensbasiertes Hilfesystem
für SINIX. SC soll in einem passiven Modus natürlichsprachliche Fragen
des Benutzers über Konzepte und Kommandos des SINIX-Systems beant-
worten. Dabei findet nicht nur ein Retrieval anhand von Kommandonamen
statt, wie es bei konventionellen Hilfesystemen der Fall ist, sondern es kann
auch mittels Spezifizierung eines Kommandoeffektes oder eines Zielzu-
standes das entsprechende Kommando (Kommandofolge) erfragt werden.

Darüberhinaus soll SC aktiv, ohne explizite Aufforderung durch den
Benutzer, Ratschläge erteilen. Dazu betreibt SC eine Planerkennung, die das
vom Benutzer verfolgte Ziel und den angewendeten Plan aus seinen
Aktionen extrahieren. Bei Verwendung eines suboptimalen Plans generiert
SC einen dementsprechenden Hinweis.

Die Implementierung von SC erfolgt in LOOPS und Interlisp-D.

Förderung: Siemens AG,
             Universität des Saarlandes
             01.05.1986 bis 31.12.1987

Partner: Siemens AG

Leitung: Prof. Dr. W. Wahlster (Gesamtleitung)
             M. Hecking
             C. Kemke
             Uni Saarbrücken, FB Informatik
             Tel.: (0681) 302 3393

Mitarbeiter:	M. Hecking (nat.-sprachl. Schnittstelle, Planverfahren)
	C. Kemke (Wissensrepräsentation, Planung)
	Diplomanden
Rechner:	1 Siemens APS 5815 mit Interlisp-D (Xerox 1108-105)
	1 Siemens APS 9780 (1 PC-MX)
KI-Gebiete:	Expertensysteme, Cognitive Science, Natürlichsprachliche Systeme, Wissensrepräsentation, Planverfahren

Projekt: WISBER: Wissensbasierter Beratungsdialog

Die Forschungs- und Entwicklungsarbeiten sollen die Verfahren, die für den natürlichsprachlichen Zugang in geschriebener Sprache zu wissensbasierten Systemen notwendig sind, entwickeln und in einem prototypischen Dialogsystem zur Geldanlageberatung erproben.

Gemeinsames Ziel ist die Entwicklung des wissensbasierten Beratungssystems WISBER mit angemessenen breiten und robusten Analyse- und Generierungskomponenten für geschriebene deutsche Sprache, die auf ein Partnermodell sowie eine Inferenzkomponente zurückgreifen.

Aufgabe des Beratungssystems ist es, durch Erkennen von Sprechakten, von Benutzerzielen und von Rahmenbedingungen des Benutzers die Problemstellung zu erkennen, Anfragen an unterschiedliche geeignete Wissensquellen zu erzeugen, Informationen zu verknüpfen, geeignete Inhalte auszuwählen und mit Hilfe geeigneter Sprechakte natürlichsprachliche Systemreaktionen zu formulieren.

Im Gegensatz zu Dialogsystemen muß ein Beratungssystem also nicht nur die wörtliche Bedeutung einer Eingabe, sondern vor allem auch die Intention des Benutzers erkennen, um dem Anwender unter Beobachtung benutzerspezifischer Restriktionen eine optimale Beratung zukommen zu lassen.

Förderung:	BMFT
	01.01.1985 bis 31.12.1988
Partner:	Nixdorf Computer AG, Projektteam KI, Paderborn
	SCS Organisationsberatung und Informationstechnik,

            Fachgebiet Wissensbasierte Systeme, Hamburg
            Siemens AG, ZTI INF, München
            Universität Hamburg, Projektgruppe WISBER
Leitung: Prof. Dr. W. Wahlster, Uni Saarbrücken,
            FB Informatik, Tel.: (0681) 302 2363
Mitarbeiter: Dr. J. Arz
KI-Gebiete: Natürlichsprachliche Systeme, Expertensysteme,
            Wissensrepräsentation

Projekt: VITRA: Kopplung bildverstehender und sprachverstehender
            Systeme

Das Projekt VITRA (VIsual TRAnslator) beschäftigt sich mit den Grundlagen der Beziehung zwischen Sprache und Sehen. Experimentelle Studien werden im Bereich der Kopplung von bildverstehenden und sprachverstehenden Systemen mit dem Ziel der Entwicklung eines Systems zur natürlichsprachlichen Beschreibung von Bildfolgen durchgeführt. Zwei Domänen wurden für die Arbeit in VITRA ausgewählt. Bei der ersten handelt es sich um eine fiktive Stadtrundfahrt. In dem Frage-Antwort-System CITYTOUR geht es in erster Linie um die räumlichen Relationen zwischen den Objekten in der Szene, um deren intrinsischen und deiktischen Gebrauch sowie um die Semantik von Pfadpräpositionen und ihre Verwendung zur Beschreibung der Trajektorien bewegter Objekte.

In der zweiten Domäne wird das System SOCCER zur natürlich-sprachlichen Beschreibung von Fußballspielen (Ausschnitte von wenigen Minuten Länge) entwickelt. Forschungsschwerpunkte sind hier: die inkrementelle Ereigniserkennung, die Selektion der zu verbalisierenden Ereignisse, die Generierung von Nominalphasen für bewegte Objekte, die Erkennung der Bewegungen von Gruppen von Objekten, die Berücksichtigung von erkannten Intentionen bei der Verbalisierung sowie Hörermodellierung und graphische Re-Repräsentation.

Förderung: Teilprojekt NS 2 des SFB 314 der DFG,
            01.04.1985 bis 31.12.1987

Partner:	Fraunhofer-Institut für Informations- und Datenverarbeitung
	Fakultät f. Informatik der Universität Karlsruhe
Leitung:	Prof. Dr. W. Wahlster, Uni Saarbrücken,
	FB Informatik (Gesamtleitung), Tel.: (0681) 302 2363
	Dipl.-Inform. Gudula Retz-Schmidt, Uni Saarbrücken,
	FB Informatik (Projektleitung), Tel.: (0681) 302 2016
Mitarbeiter:	E. Andre
	G. Bosch
	G. Herzog
	Dipl.-Inform. G. Retz-Schmidt
	Dipl.-Inform. J. Schirra
	Th. Rist
Rechner:	LISP-Maschine Symbolics 3600
	COLOR-OPTION OP36-C108 für LISP-Maschine
KI-Gebiete:	Natürlichsprachliche Systeme, Cognitive Science,
	Computersehen, Planverfahren, Wissensrepräsentation, Fuzzy

Projekt: XTRA: Ein natürlichsprachliches Zugangssystem für Expertensysteme

Ziel des Projektes ist die theoretische Fundierung, der Entwurf und die Entwicklung eines natürlichsprachlichen Zugangssystems zu Expertensystemen. Dieses System soll dem Benutzer eine einfachere Interaktion mit Expertensystemen gestatten. U.a. soll XTRA dabei folgende Aufgaben erfüllen:

- Extraktion von Daten, die für das Expertensystem relevant sind, aus der natürlichsprachlichen Eingabe des Benutzers.

- Beantwortung begrifflicher Fragen des Benutzers.

- Benutzerangepaßte Aufbereitung und natürlichsprachliche Verbalisierung von Erklärungen, die das Expertensystem liefert.

Der gegenwärtige Anwendungsbereich von XTRA ist der Zugang zu einem sich in Entwicklung befindlichen Expertensystems für die Unterstützung beim Ausfüllen eines Lohnsteuer-Jahresausgleichsformulars. Innerhalb dieser Domäne werden zur Zeit folgende Probleme näher untersucht:

a) Integration von Zeigen und Sprechen

b) Referenzauflösung unter Zuhilfenahme mehrerer Wissensquellen

c) Komplexität von Parsingalgorithmen

d) Interaktion von Wissensbasen

e) Untersuchung der Auswirkungen des Dialogkontextes auf die Antwort-
planung.

f) Benutzermodellierung

Als Software-Werkzeuge werden eingesetzt: BABYLON, Flavors und
Common-Lisp.

Förderung: Teilprojekt NS1 des SFB 314 der DFG,
              01.04.1985 bis 31.12.1987
Partner: Projekt ES, SFB 314, Uni Kaiserslautern
              Gruppe Expertensysteme, Gesellschaft f.
              Mathematik und Datenverarbeitung (BABYLON)
Leitung: Prof. Dr. W. Wahlster, Uni Saarbrücken,
              FB Informatik (Gesamtleitung), Tel.: (0681) 302 2363
              Dr. Alfred Kobsa, Uni Saarbrücken,
              FB Informatik (Projektleitung), Tel.: (0681) 302 2474
Mitarbeiter: Dipl.-Inform. J. Allgayer
              Dipl.-Inform. K. Harbusch
              Dipl.-Inform. R. Jansen-Winkeln
              Dr. A. Kobsa
              Dipl.-Inform. C. Reddig-Siekmann
              Mag.phil. D. Schmauks
              Dipl.-Inform. N. Reithinger
              studentische Mitarbeiter
Rechner: LISP-Maschine Symbolics 3640
              VAX 11/780 unter UNIX
              ETHERNET-Kopplung zwischen Symbolics und Vax
              mit TCP/IP

KI-Gebiete: Expertensysteme, Cognitive Science, Natürlichsprachliche
             Systeme, Wissensrepräsentation.

Projekt: Entwicklung eines interaktiven Spezifikations- und
             Verifikationssystems (OBSCURE)

Förderung: DFG
             01.01.1986 bis 31.12.1987
Leitung: Prof. Dr. Ing. J. Loeckx, Uni Saarbrücken,
             FB Informatik, Tel.: (0681) 302 3435
Mitarbeiter: Th. Lehmann
             R. Treinen
             J. Philippi
             St. Uhrig
             N.N.
Rechner: Siemens PC-MX
             Siemens-Großrechner

Universität Stuttgart

Fakultät Mathematik u. Informatik

Pfaffenwaldring 57

7000 Stuttgart 80

und

Institut f. Informatik

Abt. Dialogsysteme

Azenbergstr. 12

7000 Stuttgart 1

Tel.: (0711) 2078 331

A. Lehre

In regelmäßigem Turnus angebotene Vorlesungen:

KI I	2+0, jedes SS
KI II	2+0, jedes WS
Symbolmanipulation	2+0, jedes SS
Mustererkennung u. Bildverarbeitung	2+0, jedes WS
Text- und listenverarbeitende Verfahren	2+0, im SS
Maschinelle Sprachverarbeitung	2+0, etwa jedes Jahr

Unregelmäßig angebotene Vorlesungen:

KI III	2+0
Kognitive Aspekte in der Mensch-Maschine-Kommunikation	2+0
Expertensysteme	2+0
Deduktionsverfahren	2+0

weitere Lehrveranstaltungen in Vorbereitung

Seminare:

Zu verschiedenen Themen wird in jedem Semester ein Seminar (=Proseminar) angeboten.

In jedem Semester wird außerdem ein Hauptseminar (mit wechselnden Themen) angeboten. Beispiele sind:

Benutzerschnittstellen von Expertensystemen

Probleme der Textgenerierung

Wissensrepräsentation in natürlichsprachlichen Systemen

Intelligente Systeme

Sonstige Ausbildungsangebote:

Kompaktkurs für die Programmiersprache LISP

Kompaktkurs für die Programmiersprache PROLOG

Einführung in die Wissensrepräsentationssprache C.TALK

Studienarbeiten

Diplomarbeiten

Zusammenarbeit mit dem Lehrstuhl „Computerlinguistik" (Prof. Rohrer) an der Universität Stuttgart auch bei Lehrveranstaltungen und gemeinsamen Seminaren.

Scheine:

Seminarscheine

Hauptseminarscheine werden für das Diplom anerkannt

Integration in Hauptprüfung:

KI I ist Pflichtlehrveranstaltung für den Studienschwerpunkt „Anwendungsorientierte Informatik: Mensch-Maschine-Kommunikation". Die anderen Lehrveranstaltungen sind Wahlpflichtveranstaltungen in diesem Schwerpunkt sowie in anderen Studienschwerpunkten, z.B. „Softwareorientierte Informatik". Die Fächer des Studienschwerpunktes werden einzeln (schriftlich oder mündlich) geprüft und zu einer Fachnote „Informatik II" zusammengefaßt. Diese Fachnote hat 50% Gewicht des Faches Informatik in der Diplomprüfung.

Dozenten:

Priv. Doz. Dr. Hanakata	Symbolmanipulation
	Mustererkennung u. Bildverarbeitung
	KI I/II
Priv. Doz. Dr. Schönfeld	Expertensysteme
	deduktive Systeme

Lehrbeauftragte mit wechselnden Fachgebieten, derzeit:

Dr. H. D. Böcker	KI I, Softwareergonomie
Dipl.-Inform. Rösner	Maschinelle Sprachverarbeitung
Dipl.-Inform. Schneider	KI III
o. Prof. N.N.	Intelligente Systeme

B. Forschung

Projekt: KEYBIT-Natürlichsprachliche Schnittstelle für ein wissensbasiertes Beratungssystem

Im Rahmen des Projektes KEYBIT wird eine natürlichsprachliche
Dialogkomponente für ein wissensbasiertes Beratungssystem in Prolog
implementiert. In der ersten Phase wird ein Prototyp erstellt, der Anfragen
in deutscher Sprache verarbeiten kann. Kernstück ist ein Parser, der auf der
Lexical Functional Theorie basiert. Im weiteren Verlauf des Projekts soll der
Sprachumfang erweitert, der Dialog kooperativer gestaltet sowie eine
Wissenserwerbskomponente entwickelt werden.

Förderung:	IBM Deutschland GmbH
	01.04.1985 bis 31.03.1987, Verlängerung möglich
Partner:	IBM Deutschland GmbH
Leitung:	Prof. Dr. R. Gunzenhäuser, Uni Stuttgart, Inst. f. Informatik
	Tel.: (0711) 2078 331
Mitarbeiter:	A. Erben
	Th. Fehrle
	Th. Knopik
Rechner:	4 IBM PC
KI-Gebiete:	Expertensysteme, Natürlichsprachliche Systeme, Lernen
	Logisches Programmieren, Wissensrepräsentation

Projekt: WISDOM – Wissensbasierte Systeme zur Bürokommuni-
kation: Dokumentenbearbeitung, Organisation, Mensch-
Computer-Kommunikation
(Forschungsgruppe INFORM)

Es ist das Ziel des Projektes, benutzerzentrierte Computersysteme zu
definieren, zu spezifizieren und zu implementieren. Von der Projektgruppe
INFORM wurden innerhalb des WISDOM Projektes dabei schwerpunkt-
mäßig die folgenden Teilgebiete bearbeitet.

1. Anwendungsunabhängige Mensch-Computer-Kommunikation
2. Grundlagen aktiver und passiver Hilfssysteme
3. ObjTalk, eine Sprache zur Repräsentation von Wissen
4. Objektorientierte Modellierung und Akquisition von Wissen
5. Systeme zur Planungsunterstützung

Es ist das Ziel des WISDOM-Projektes,

– den deutschen Forschungsrückstand auf den Gebieten Mensch-
Computer-Kommunikation (MCK) und wissensbasierte Systeme abzu-
bauen,

– für die Industriepartner neue, tragfähige Konzepte aus dem Bereich der
wissensbasierten MCK zu erforschen, auf denen sich künftige industrielle
Entwicklungen abstützen können,

– die Brauchbarkeit dieser Konzepte in prototypischen Software-
Komponenten und -Systemen zu demonstrieren.

Förderung: BMFT
bis 31.12.1988
Partner: Triumph-Adler AG
GMD
IAO (Fraunhofer-Gesellschaft) Stuttgart
TU München
Leitung: Prof. Dr. R. Gunzenhäuser, Uni Stuttgart, Inst. f. Informatik
Tel.: (0711) 2078 331
Dr. H.-D. Böcker, Uni Stuttgart, Inst. f. Informatik
Tel.: (0711) 2078 368

Mitarbeiter: D. Bauer, J. Bauer, F. Fabian, M. Herczeg, S. Kübler

                D. Maier, B. Oeding, C. Rathke, M. Rathke,

                W.-F. Riekert, M. Schneider, Th. Schwab, K. Faidt

Rechner: VAX 11/780 (8 MB)

                4 Symbolics Lisp-Maschinen

                div. Kleinrechner (Macintosh, etc.)

KI-Gebiete: Expertensysteme, Wissensrepräsentation

Projekt: Japanisch/deutsche Titelübersetzung:

                SEMSYN, ein System zur deutschen Synthese auf der Basis

                einer semantischen Repräsentation

Im Projekt SEMSYN (ein Akronym für SEMantische SYNthese; bisherige
Förderung durch den BMFT von 7.83 bis 2.86) wurde ein maschinelles
Übersetzungssystem entwickelt und implementiert.

SEMSYN ist nur ein Teilsystem, erst in Verbindung mit dem
ATLAS/II-System des japanischen Kooperationspartners FUJITSU ergibt
sich das Gesamtsystem zur Übersetzung vom japanischen ins Deutsche.
Schnittstelle der Teilsysteme ist eine semantische Repräsentation, die –
möglichst unabhängig von der Quellsprache – den Inhalt der japanischen
Eingabe wiedergeben soll. Die Analyse der japanischen Eingabedaten –
bisher handelt es sich vorwiegend um Titel wissenschaftlicher Arbeiten aus
dem Bereich Informationstechnologie – und ihre Umwandlung in die
semantische Repräsentation ist Aufgabe von ATLAS/II. SEMSYNs
Aufgabe besteht darin, für die solcherart dargestellten Inhalte deutsche Texte
zu generieren, die einerseits korrekt und verstehbar, vor allem aber als
Übersetzungsäquivalente brauchbar sind.

Förderung: BMFT

                01.07.1983 bis 28.02.1986 (derzeit)

Partner: FUJITSU Laboratories Ltd., Kawasaki, Japan

Leitung: Dr.-Ing. habil. K. Hanakata, Uni Stuttgart, Inst. f. Informatik

                Tel.: (0711) 2078 358

	bis 31.12.84 zusammen mit
	Dr. habil. J. Laubsch
Mitarbeiter:	Dietmar Rösner
	Arkadiusz Lesniewski
	studentische Mitarbeiter
Rechner:	1 Lisp-Maschine Symbolics 3600
	Zugang zu VAX 780
	4 HDS-Terminals
KI-Gebiete:	Natürlichsprachliche Systeme, Wissensrepräsentation

Universität Tübingen
Lehrstuhl Prof. Dr. F. Haft
Wilhelmstraße 7, Neue Aula
7400 Tübingen
Tel.: (07071) 29 2553

B. Forschung

Projekt: Computergestützte juristische Expertensysteme
Ziel des Projektes ist der Entwurf und die Erstellung eines allgemeinen Systems zum Erwerb und zur Abfrage von Wissen und seine Anwendung auf die den Straßenverkehr betreffenden Teile des deutschen Strafrechts.

Die Arbeiten im Bereich Textanalyse basieren auf dem User Speciality Languages System, einem natürlichsprachlichen Datenbankabfragesystem des Wissenschaftlichen Zentrums, und auf der Diskursrepräsentationstheorie. Für Deduktionen wird der Tableau-Kalkül implementiert.

Mit der juristischen Anwendung wollen wir die allgemeine Anwendbarkeit des Basissystems testen. Das System soll in der Lage sein, Juristen bei der Behandlung komplexer Fälle mit Strukturierungshilfsmitteln und durch Zugriff zu einer umfangreichen Wissensbank zu unterstützen. Weiter soll es bei der Ausbildung von Juristen zur Einübung juristischen Problemlösungsverhaltens eingesetzt werden.

Das Projekt begann 1984 und ist zunächst für drei Jahre geplant. Es sollen zwei Prototypen entwickelt werden, wovon der erste 1986 fertiggestellt werden soll.

Gleichzeitig mit diesem Projekt sollen juristische Lernsysteme erforscht werden.

Förderung: 01.10.1984 bis 30.09.1987
Partner: IBM Deutschland GmbH,
                   Wissenschaftliches Zentrum Heidelberg
                   Universität Tübingen,

	Forschungsstelle f. Natürlichsprachliche Systeme,
	Prof. Dr. F. Guenthner
Leitung:	Prof. Dr. F. Haft, Uni Tübingen, Tel.: (07071) 29 2553
Mitarbeiter:	Prof. Dr. F. Haft (Teilzeit)
	Dr. G. Ringwald (Teilzeit)
	Dr. M.Kromer (bis 28.02.1986)
	Dipl.-Inform. E. Swazina (ab 15.01.1986)
	K.-M. Baier
Rechner:	IBM 4341
	IBM PCs
KI-Gebiete:	Expertensysteme und juristische Lerngebiete,
	Deduktionssysteme, Natürlichsprachliche Systeme,
	Logisches Programmieren, Wissensrepräsentation

Fachhochschule Würzburg-Schweinfurt
Studiengang Informatik
Münzstr. 19
8700 Würzburg
Tel.: (0931) 304162

A. Lehre

In regelmäßigem Turnus angebotene Vorlesungen:
    Expertensysteme   4, jährlich
Sonstige Ausbildungsangebote:
    Diplomarbeiten
Integration in Hauptprüfung:
    ja
Dozenten:
    Prof. Dr. B. Breutmann   Expertensysteme,
                                           Wissensrepräsentation

2.3 Außeruniversitäre Forschungsinstitute

Battelle Institut
Römerhof 35
6000 Frankfurt/Main

B. Forschung

Projekt: TEX-B

Förderung: BMFT, Bonn
             1985 bis 1989
Partner: Siemens, München
             PCS, München
             FhG, Karlsruhe
             GMD, Birlinghofen
Leitung: Dr. P. Trum, Tel.: (069) 79082275
Rechner: z.Zt. 2 XEROX 1108 (Siemens EMS)
             DEC VAX 11/780 (PROLOG, LISP)
KI-Gebiete: Expertensysteme, Wissensrepräsentation, Planverfahren

Projekt: TEX-K

Förderung: BMFT, Bonn
             1986 bis 1989
Partner: Siemens, Erlangen
             Philips, Hamburg
             URW GmbH, Hamburg
             Uni Hamburg
Leitung: G. Mörler, Tel.: (069) 79082408
Rechner: DEC VAX 117780 (PROLOG, LISP)
KI-Gebiete: Expertensysteme, Wissensrepräsentation, Planverfahren

Projekt: A SYSTEMS TECHNOLOGY FOR OPTIMISING THE
TRADEOFFS between Plant Availability, PRODUCT Quality
on Safety (PAQO)

Förderung: EG-ESPRIT p 504
1985 bis 1989
Partner: Stewart Hughes, GB
MTIRA, GB
ADERSA, F
TH Darmstadt, D
GRS München, D
DANOBAT, E
Leitung: N. Indica, Tel.: (069) 79082275
Rechner: DEC-VAX 11/780 (PROLOG, LISP)
KI-Gebiete: Expertensysteme, Wissensrepräsentation, Planverfahren

Projekt: Nonmonotonic Reasoning Techniques in Industrial Planning
Applications

Förderung: EG-ESPRIT P 1220 (865)
1986 bis 1989
Partner: EISAG, Genua, Italien
Aeritalia, Italien
ItalCAD, Mailand, Italien
Leitung: N. Indica, Tel.: (069) 790082275
Rechner: DEC-VAX 11/780 (PROLOG, LISP)
KI-Gebiete: Expertensysteme, Wissensrepräsentation, Planverfahren

Datenverarbeitungsorganisation des Steuerberatenden Berufes in der Bundesrepublik Deutschland eG

Baumgartnerstr. 6
8500 Nürnberg
Tel.: (0911) 2763 909

B. Forschung

Projekt: Entwicklung eines Expertensystem-Shell und eines Expertensystems für eine ausgewählte betriebswirtschaftliche Anwendung

Partner: Prof. Dr. Mertens, Universität Erlangen-Nürnberg
Leitung: Herr Heidecker, Tel.: (0911) 2763 372
                Dr. Steinbauer, Tel.: (0911) 2763 909
                Datenverarbeitungsorganisation, Nürnberg
Mitarbeiter: geplant 7
Rechner: 1 LISP-Maschine RANK XEROX
                Benutzung der Rechner des RZ
KI-Gebiete: Expertensysteme

Deutsche Forschungs- und Versuchsanstalt für Luft- und Raumfahrt

Abteilung Automatisierung / I 515

8031 Wessling

B. Forschung

Projekt: Cognition & Verarbeitung von Information & Strukturen durch Synergetisch Assoziative Netze aus Neuronen-ähnlichen Elementen und deren Beschreibung mit Hilfsmitteln der strukturellen Musterbeschreibung

Research field is the development of models and methods for complex sensor signal processing, learning and management of complex multiple interdependent information structures. J.A. Anderson has proposed an associative system model, capable to do such abstractions. G.J. Dalenoort has proposed a cognitive network model, based on Hebb's idea of cell assemblies, capable to do correlational associative information processing and to form concepts by learning; so his model also can perform abstraction. Further K. Fukushima has developed a self-organizing hierarchical network model performing concept formation & pattern recognition.

The short and medium term goal is developing computer simulation models describing such cognitive and self-organizing processes and systems.

A long term goal may be realizing the resulting computer simulation models by highly parallel interconnection network computer architectures and VLSI.

Förderung: DFVLR Grundfinanzierung
         bis auf weiteres

Leitung: Dipl.-Inform. Manfred Hartel, Tel.: (08153) 28426-400/424

Rechner: DEC PDP 11/60 mit RSX 11/M

Hamamatsu-TV-Bildspeicher

CIS 3 D-Farb-Graphiksystem Model One/80

sowie Zugriff auf die Großrechner der Zentralen Datenverarbeitung in Oberpfaffenhofen:

IBM 3081 mit MVS

Siemens 7865 mit VM370/ CMS

GRAY 1s mit COS

KI-Gebiete: Computersehen, Cognitive Science, Kybernetik, Lernen, Wissensrepräsentation

FIM, Forschungsinstitut für Informationsverarbeitung und Mustererkennung
Eisenstockstr. 12
7505 Ettlingen 6
Tel.: (07243) 992 0

B. Forschung

Projekt: Wissensgesteuerte Bildinterpretation
In diesem Projekt wird ein wissensbasierter Ansatz zur Bildanalyse verfolgt;
dabei dienen als Beispiel einzelne Orthogonalaufnahmen monochroma-
tischer Luftbilder von Vorstadtszenen. Nichtbildhaftes Wissen über Vorstadtszenen ist in einem semantischen Netz modelliert, Wissen über die
Kontrollstrategie des Analyseprozesses ist als Regeln formuliert. Ausgangs-
punkt der Analyse ist das als Grauwertmatrix vorliegende digitalisierte Bild.
Ziel ist die symbolische Beschreibung wesentlicher Elemente des Bild-
inhaltes. Erreicht wird dieses Ziel durch die interaktive Anwendung einer
Reihe von Verarbeitungsprozessen zunehmenden Abstraktionsgrades, die
über ein Short Term Memory die Transformation der Eingabedaten in eine
symbolische Form bewirken.

Förderung: Bundeshaushalt, Grundfinanzierung des Institutes,
            DFG-Sachbeihilfe,
            Förderzeitraum 01.08.1981 bis 31.07.1986
Leitung: Dipl.-Ing. B. Nicolin, FIM, Ettlingen, Tel.: (07243) 992 21
Mitarbeiter: Wissenschaftliche Mitarbeiter
            Diplomanden
            Studenten
Rechner: DEC VAX Rechner
            Symbolics Workstation (geplant)
KI-Gebiete: Computersehen, Wissensrepräsentation, Heuristische Such-
            verfahren, Fuzzy

Fraunhofer-Institut für Informations- und Datenverarbeitung (IITB)

Sebastian-Kneipp-Str. 12-14

7500 Karlsruhe 1

Tel.: (0721) 6091-210

B. Forschung

Projekt: Schnittstelle zu höheren Abstraktionsstufen bei der Auswertung von Bildfolgen

Ein System zur Ermittlung einer dreidimensionalen geometrischen Beschreibung von sich bewegenden starren Objekten (MORIO) wird an die im IITB vorhandenen apparativen Gegebenheiten angepaßt und teilweise erweitert. Geplant ist eine Erweiterung, welche neben der konvexen auch eine konkave Hülle des Objektes erstellt.

Neben dieser geometrischen Beschreibung liefert dieses Verfahren durch die Ermittlung der Trajektorien auch Ausgangsdaten für das Studium höherer Abstraktionsebenen. In dem SFB-Teilprojekt NS2 (VITRA: Kopplung bildverstehender und sprachverstehender Systeme) werden die Daten zur Deutung von Bewegungen und Episoden benutzt. Die Auftretenden Probleme sind prinzipiell die gleichen wie bei der Textinterpretation; sie werden aber verstärkt u.a. durch die Unsicherheit, mit der die aus den Bildfolgen gewonnenen Daten behaftet sind. Ziel dieses Projektes ist die zur Verfügungstellung einer Schnittstelle zwischen dem MORIO-System und dem System zur Modellierung von Episoden.

Förderung: DFG im Rahmen des Teilprojektes Bildverstehen 1 (BV 1)
Sonderforschungsbereich Künstliche Intelligenz (SFB 314)
01.04.1985 bis 31.12.1987

Partner: Prof. Dr. W. Wahlster, Universität des Saarlandes, Saarbrücken

Leitung: Prof. Dr. H.-H. Nagel, FhG-IITB, Karlsruhe,
Tel.: (0721) 6091-210

Mitarbeiter: Dr. W. Enkelmann

              H. Herzog

              T. Krämer

              C. K. Sung

              Dr. G. Zimmermann

Rechner: VAX 780

              VAX 750

              digitale Bildplatte (VTE)

KI-Gebiete: Computersehen, Wissensrepräsentation

Projekt: Rechnerunterstützter Entwurf für Fertigungssysteme (REF)
Ziel des Projektes, das in den Bereich der Grundlagenforschung gehört, ist
die Entwicklung und Implementierung eines wissensbasierten Entwurfs-
systems, das in der Lage sein soll, Vorschläge für Werkzeugmaschinen-
entwürfe aufzubauen und Aussagen über die Baugruppen-Anordnungen zu
treffen. Die konstruktionsprozeßbezogenen Forschungsinhalte bilden eine
wichtige Grundlage durch die Bereitstellung und Strukturierung des
Know-how, das in der Entwurfsphase benutzt wird. Für das komplexe und
umfangreiche Wissensgebiet der Werkzeugmaschinenkonstruktion werden
existierende prozedurale und deklarative Darstellungsmodelle auf ihre
Anwendbarkeit überprüft. Als Implementierungssprachen werden gegen-
wärtig INTERLISP, COMMON LISP und OPS5 eingesetzt. Die geome-
trische Modellierung erfolgt mit einem CAD-System.

Förderung: Sonderforschungsbereich 203, Teilprojekt B3

              1984 bis 1987 (Verlängerung geplant)

Leitung: Prof. Dr.-Ing. h.c. G. Spur, Institut f. Produktionsanlagen u.

              Konstruktionstechnik, Kleiststr. 23-26, 1000 Berlin 30

Mitarbeiter: E. Gomez-Esperon

              C.M. Lehmann

              R. Marzi

              Studentische Mitarbeiter

Rechner: DEC 2060
              VAX 780/785
KI-Gebiete: Expertensysteme, Wissensrepräsentation, Heuristische Such-
              verfahren

Projekt: Verschiedene Projekte zum Maschinensehen und zur Diagnose
               von Bearbeitungsvorgängen bei Werkzeugmaschinen

Arbeiten zum Korrespondenzproblem bei Stereo-Bildpaaren, Bildfolgen
und Stereo-Bildfolgen; Ermittlung dreidimensionaler Beschreibungen
abgebildeter Körper und ihrer Trajektorien relativ zur Fernseh-Kamera;
Ableitung von Regelungssignalen auf der Basis von aktualisierten
Umgebungsbeschreibungen, die durch die Auswertung von Sensordaten
ermittelt werden.

Förderung: BMFT
              1985 bis 1988
Partner: verschiedene Industriefirmen
Leitung: Prof. Dr. H.-H. Nagel, FhG-IITB, Karlsruhe,
              Tel.: (0721) 6091-210
Mitarbeiter: eine größere Zahl von wissenschaftlichen Mitarbeitern des
              IITB
Rechner: VAX 750
              VAX 780
              digitale Bildplatte (VTE)
KI-Gebiete: Computersehen, Wissensrepräsentation

Projekt: Sonderforschungsbereich 314, „Künstliche Intelligenz",
               Teilprojekt ES4

Projektziel ist die Entwicklung adäquater Wissensrepräsentationsformalismen zur Beschreibung physikalisch-technischer Systeme. Dabei wird von
der Vorstellung ausgegangen, daß leistungsfähige Wissensrepräsentation
eine entscheidende Voraussetzung für die Verbesserung von Expertensystemen darstellt. Wesentliche Impulse werden in diesem Bereich

anerkanntermaßen von sogenannten tiefen Modellen (deep knowledge) erwartet, die die Beschreibung und Verarbeitung von Wissensinhalten auf verschiedenen Abstraktionsebenen gestatten. Mit dem Ziel tiefer Modellbildung physikalisch-technischer Zusammenhänge und Systeme soll eine framebasierte Beschreibungssprache entwickelt werden, die Modelle in Form assoziativer Netzwerkstrukturen erzeugt. Durch partielle Instanziierung lassen sich daraus Aussagen über den Objektbereich gewinnen.

Förderung: DFG
Leitung: Dr. H. Steusloff, FhG-IITB, Karlsruhe,
              Tel.: (0721) 6091 330
Mitarbeiter: J. Kippe
              G. Schäfer-Richter
Rechner: 1 Symbolics 3640
KI-Gebiete: Expertensysteme, Wissensrepräsentation

Projekt: Teilprojekt aus Verbundprojekt TEX-B
              Wissensrepräsentation und Schlußfolgerungsverfahren für
              physikalisch-technische Systeme als einheitliche Grundlage
              technischer Expertensysteme

Projektziel ist die Anwendung tiefer Modelle technischer Systeme in Schlußfolgerungsverfahren und die Entwicklung von Mechanismen zur Verarbeitung der von tiefen Modellen bereitgestellten Informationen. Schwerpunkte liegen dabei im Bereich der qualitativen Auswertung von Zusammenhängen in tiefen Modellen sowie der Entwicklung von Schlußfolgerungsverfahren zur Fehlerdiagnose unter Einsatz tiefer Modellierung.

Förderung: BMFT
              01.08.1985 bis 31.07.1989
Partner: Batelle-Institut, Frankfurt
              FhG-IITB, Karlsruhe
              GMD, St. Augustin

	PCS, München
	Siemens, München
Leitung:	Dr. H.W. Früchtenicht, FhG-IITB, Karlsruhe,
	Tel.: (0721) 6091 333
Mitarbeiter:	W. Dilger
	H. Haubner
	A. Janson
Rechner:	2 Xerox-LM
KI-Gebiete:	Expertensysteme, Qualitative Reasoning

Projekt: Teilprojekt aus Verbundprojekt TEX-I

Das Zentralproblem von Echtzeiteinsatzes von Expertensystemen in Prozeß-
umgebungen, wie z.B. Automatisierungssystemen, liegt in der Fülle der
anfallenden Einzeldaten und deren zeitlicher Änderung. Projektziel ist die
Lösung dieses Problems mittels einer sogenannten intelligenten Schnittstelle
zwischen der Prozeßumgebung und einem Expertensystem(kern). Der
Ansatz besteht hier in einer kaskadenartigen Vorverarbeitung der
Prozeßdaten mit den Stufen Datenerfassung, Datenvorverarbeitung,
Datenüberwachung und Dateninterpretation, wodurch schrittweise die
Echtzeitanforderungen reduziert werden. Die Verarbeitungsschritte sollen in
starkem Maße wissensbasiert ablaufen und dem Expertensystem komplexe
Situationsbilder anstelle von Einzeldaten zu weiteren Schlußfolgerungen
anbieten.

Förderung:	BMFT, 01.01.1985 bis 31.12.1988
Partner:	Bayer, Leverkusen
	ESG, München
	FhG-IITB, Karlsruhe
	Interatom, Bergisch-Gladbach
	Krupp Atlas, Bremen
	Siemens, Erlangen
	Siemens, Karlsruhe

Leitung: Dr. H.W. Früchtenicht, FhG-IITB, Karlsruhe,
                Tel.: (0721) 6091 333
Mitarbeiter: G. Becker
                H. Carls
                P. Somerlik
Rechner: 1 Symbolics 3640
KI-Gebiete: Expertensysteme

Fraunhofer-Institut für Transporttechnik u. Warendistribution
Emil-Figge-Str. 75
4600 Dortmund 50
Tel.: (0231) 7549-233

B. Forschung

Projekt: Wissensbasierte Simulationsumgebung
Sowohl Expertensysteme als auch Simulationssysteme gebrauchen
modellbasierte Problemlösungstechniken. Das heißt, daß die Lösung des
Problems nicht durch die Durchführung der Schritte eines festgelegten
Algorithmus erfolgt, sondern durch Interpretation eines Modells des
Problembereichs erreicht wird. Untersucht man die Möglichkeiten, wie ein
Expertensystem eine Simulationsstudie unterstützen kann, so stellt man eine
weitgehende Überlappung der den Systemen zugrundeliegenden Modelle
fest. Ziel des Projektes ist es, die Modellierungstechniken von Simulation
und Expertensystemen zu integrieren, um so die Grundlage einer
wissensbasierten Simulationsumgebung zu schaffen.

Förderung: Fraunhofer-Institut f. Transporttechnik u. Warendistribution
            01.01.1986 bis 31.12.1987
Leitung: Bernd Hellingrath, Fraunhofer-Institut, Dortmund,
            Tel.: (0231) 7549-233
Mitarbeiter: St. Bernemann
            J. Joemann
Rechner: Symbolics 3640
KI-Gebiete: Expertensysteme, Wissensrepräsentation

**Fraunhofer-Institut für Arbeitswirtschaft
und Organisation (IAO)**
Silberburgstr. 119A
7000 Stuttgart 1

B. Forschung

Projekt: Verbundprojekt Montageplanung; Entwicklung eines Programmsystems zur rechnerunterstützten integrierten Montagesystemplanung

Im Rahmen des oben genannten Verbundvorhabens sollen u.a. wissensbasierte Methoden zur Planung hybrider Montagesysteme entwickelt werden. Dabei wird prototypisch ein wissensbasiertes System zur Auslegung und Gestaltung manueller Systeme implementiert und dessen Übertragbarkeit auf andere technische Planungsbereiche gezeigt werden. Die Hauptprobleme dieses Vorhabens werden in den Bereichen Wissensgewinnung und Wissensrepräsentation liegen.

Förderung: Förderung ab 01.01.1986 bis 31.06.1989; offizielle Zuteilung erfolgt noch; Projektträger: KfK/PFT

Partner: Bosch, Geschäftsbereich Industrieausrüstung
Utz Ratio Technik
Teamtechnik

Leitung: Dipl.-Math. K. Lay, FhG-IAO, Stuttgart,
Tel.: (0711) 6648 107

Mitarbeiter: Dipl.-Inform. U. Rettich (Wissensrepräsentation)
N.N. (Knowledge Engineering)
sowie weitere Mitarbeiter aus den beteiligten Firmen

Rechner: 1 VAX Station II, 1 µVAX II
1 VAX 11/730, 1 VAX 11/780
diverse Maschinen zur Symbolverarbeitung von Xerox, PCS

KI-Gebiete: Expertensysteme, Wissensrepräsentation

GMD – Gesellschaft für Mathematik u. Datenverarbeitung
Institut für Angewandte Informationstechnik (F3)
Projektgruppe AiD
Schloß Birlinghoven
5202 Sankt Augustin
Tel.: (02241) 14 0

B. Forschung

Projekt: Wissensbasierte Mensch-Computer-Schnittstelle AiD
Inhalt des Projekts ist die Konzeption und Implementierung der Architektur, der Methoden und des Wissens einer intelligenten und adaptiven Mensch-Computer-Schnittstelle.

Für AiD wird allgemeines und von unterschiedlichen Medien (z.B. Bitmap-Display & Bild-Scanner, Speech & Sound I/O, natürliche oder formale textuelle Kommunikation) weitgehend unabhängiges Wissen über Arbeitsdialoge implementiert.

Mit zusätzlichem Wissen über die Objekte und Funktionen der unterschiedlichsten Anwendungssysteme ist AiD in der Lage, eine gemeinsame und einheitliche Benutzeroberfläche für diese darzustellen.

Im „learning by being used"-Modus inkrementell erworbenes Wissen über einzelne Benutzer soll von AiD zur Adaption an deren individuelle ergonomische Bedürfnisse und kommunikative Fähigkeiten sowie zur Hypothesierung der Arbeitsziele und der nächsten Dialogschritte benutzt werden.

Förderung: GMD (unbefristet)
Leitung: Dr. Hans-Werner Hein, GMD, St. Augustin,
             Tel.: (02241) 14 2700/ 2640/ 23126 (Sekr.)

Mitarbeiter: E. Finke (math.-techn. Assistentin)
               G. Kellermann (wiss. Mitarbeiter)
               S.R. Smith (Gastforscher)
               Ch.G. Thomas (wiss. Mitarbeiter)
Rechner: Symbolics 3670
               Zugang zu mehreren Symbolics 36xx
               Zugang zu 3 VAX 750 (bsd 4.2)
               Apple Macintosh 512
KI-Gebiete: Common-Sense-Systeme, Maschinelles Lernen,
               Wissensrepräsentation

Projekt: Verbundvorhaben TEX-B
               Wissensrepräsentation und Schlußfolgerungsverfahren für
               physikalisch-technische Systeme als einheitliche Grundlage
               technischer Expertensysteme

– Entwicklung, prototypische Implementierung und experimentelle Erprobung von Methoden zur Repräsentation funktionaler, struktureller und zeitlicher Zusammenhänge

– Entwicklung und Implementierung von Mechanismen zur Durchführung von Schlußfolgerungen, Konfigurierungen, Planungen und Konstruktionen auf der Grundlage der entwickelten Wissensrepräsentation

– Entwicklung und Implementierung von Mechanismen zur Verwaltung und Bewertung von Testergebnissen, Konsistenzprüfung von Wissensbasen, Unterstützung des Wissenserwerbs auf der Grundlage der Wissensrepräsentations- und Schlußfolgerungsmechanismen.

Förderung: BMFT Projektnummer ITW850601
               01.08.1985 bis 31.07.1989
Partner: Batelle-Institut e.V.
               Fraunhofer-Gesellschaft e.V. IITB Karlsruhe (Federführung)
               Gesellschaft für Mathematik und Datenverarbeitung mbH
               Periphere Computer Systeme GmbH
               Siemens AG

Leitung:	Hans-Werner Güsgen (für GMD-Teilvorhaben), GMD, F3.XPS, St. Augustin, Tel.: (02241) 14 2683
Mitarbeiter:	Stud. Inform. Bretthauer (Qualitative Reasoning Language)
	Dipl.-Inform. H.-W. Güsgen (Constraint-System)
	Stud. Inform. R. Lopatta (Constraint-System)
Rechner:	1 Lisp Maschine Siemens 5815
KI-Gebiete:	Expertensysteme, Wissensrepräsentation

Projekt: Verbundvorhaben TEX-I

Technische Expertensysteme zur Dateninterpretation, Diagnose und Prozeßführung

Das gemeinsame Ziel der Verbundpartner ist die Entwicklung, Erprobung und betriebliche Einführung von Expertensystemen zur Dateninterpretation und Prozeßführung in technischen Systemen.

Die GMD führt Arbeiten im Zusammenhang mit dem Entwurf und der Implementierung eines Diagnosesystems auf der Basis des hybriden Werkzeugsystems BABYLON durch. Ein zentraler Aspekt ist dabei die Realisierung von Mitteln für eine adäquate Repräsentation statischer und dynamischer Eigenschaften von technischen Systemen.

Darüber hinaus übernimmt die GMD im ersten Projektjahr die zentrale Ausbildung aller Projektpartner in der Handhabung des verwendeten Werkzeugsystems sowie erforderliche begleitende Beratungstätigkeiten im Einsatz desselben.

Förderung:	BMFT
	01.01.1985 bis 30.12.88
Partner:	Siemens AG (Federführung)
	Bayer AG
	Elektronik-System-Gesellschaft mbH
	Interatom
	Krupp Atlas Elektronik

Leitung: für Teilprojekt GMD:
                Hans Voss, GMD F3/XPS, St. Augustin,
                Tel.: (02241) 14 2532
Mitarbeiter: K.H. Wittur
                P. Henne
Rechner: Symbolics 3640
KI-Gebiete: Expertensysteme

Projekt: Verbundvorhaben WEREX – Koordiniertes System von
                Werkzeugen für die Konstruktion und den Betrieb von
                Expertensystemen

Das Projekt hat zum Ziel, die notwendigen Grundlagen zu schaffen, für eine
breitangelegte Entwicklung und Nutzung von wissensbasierten Systemen in
der BRD. Diese Grundlagen bestehen einerseits in Basiswerkzeugen, d.h.
geeigneten höheren Programmiersprachen und Programmierumgebungen,
und andererseits in höheren Werkzeugen, d.h. Wissensrepräsentationsformalismen und Wissensverarbeitungsmechanismen, die auf den Basiswerkzeugen aufbauen. Die Ergebnisse des Projekts werden zum einen
Softwaresystem sein:

– ein portables, maschinenunabhängiges Basiswerkzeug ausgehend von
COMMON-LISP für UNIX-Rechner (UNCLE),

– ein Prototyp eines höheren Werkzeugs WEREX,

– eine auf UNCLE basierende Portierung des höheren Werkzeuges,

– Portierung des höheren Werkzeuges auf andere Basiswerkzeuge und

– ausgewählte Anwendungen des höheren Werkzeuges.

Zum anderen Erfahrungen in der Entwicklung und im Einsatz von

– Werkzeugen für wissensbasierte Systeme und

– Anwendungen mit Hilfe der Werkzeuge.

Förderung: BMFT
                01.08.1985 bis 31.07.1989
Partner: ADV/ORGA
                Danet

	PCS
	Siemens
	Universität Erlangen
	Universität München
	GMD (Federführung)
Leitung:	Angelika Voss, GMD, St. Augustin,
	Tel.: (02241) 14 2532
Mitarbeiter:	Th. Christaller (Koordinator)
	E. Gross
	Dr. B.S. Müller
	E. Rome
	I. Walther
Rechner:	Symbolics
	DEC VAX 11/750
KI-Gebiete:	Expertensysteme

Projekt: Wissensakquisition für Expertensysteme (KRITON)

Innerhalb des Projekts „Automatische Wissensakquisition für Expertensysteme" sind empirische Untersuchungen zu Verfahren des knowledge
engineering geplant (Stand Januar 1986), insbesondere bezogen auf den
Transfer von Expertenwissen in die Repräsentationssprachen hybrider
Expertensystem-Shells. Schwerpunkt des Projektes ist die Entwicklung
einer Wissensakquisitionskomponente für KI-Programmierumgebungen mit
dem Zielsystem BABYLON. Zum Erwerb von Expertenwissen werden
Verfahren aus der cognitive science und zur Zeit verwendeter knowledge
engineering Praktiken in einem automatischen Wissensakquisitionssystem
vereinigt: Interviewtechniken, Protokollanalyse und Inhaltsanalyse. Der
Anwendungsbereich der verschiedenen Verfahren wird aus einem Modell
der menschlichen Informationsverarbeitung und der phänomenologischen
Organisation des Expertenwissens abgeleitet.

In weiteren Phasen des Projektes wird eine Integration von induktiven
Inferenztechniken angestrebt sowie die Entwicklung von Verfahren zur
Evaluation von Expertensystem-Prototypen, insbesondere in Form von

Konsistenzüberprüfungen bei integrierten, hybriden Repäsentations-
formalismen.

Förderung: ca. 4 Jahre geplant
Partner: noch offen
Leitung: Dr. Joachim Diederich, GMD, XPS, St. Augustin
               Tel.: (02241) 14 2687
Mitarbeiter: 2 wiss. Mitarbeiter
               1. stud. Hilfskraft
               1 freier Mitarbeiter
Rechner: Symbolics 36xx
               Xerox 1108 (Interlisp-D + LOOPS)
KI-Gebiete: Expertensysteme, Cognitive Science

Projekt: BABYLON
Weiterentwicklung der Expertensystem-Methodenbank Babylon.

Förderung: GMD
Leitung: Franco di Primio, GMD, St. Augustin
               Tel.: (02241) 14 2684
Mitarbeiter: G. Brewka
               K.H. Wittur
Rechner: Symbolics 3600, 3640
KI Gebiete: Wissensrepräsentation
               Expertensysteme

GMD FIRST

an der TU Berlin

Sekr. ZAZ 11

Hardenbergstr. 29c

1000 Berlin 12

B. Forschung

Projekt: Implementierung von COMMON LISP

COMMON-LISP – der aufkommende Standard in der LISP-Welt – wird auf dem STARLET-Rechner bzw. der UNIMA implementiert. Die Umgebung ist somit eine Motorola MC 68020 als Prozessor und UNIX System V als Betriebssystem.

Ziel des Projektes ist es, zunächst ein COMMON-LISP System zu realisieren, das auf dieser stock hardware eine gute Laufzeiteffizienz erreicht. Darüber hinaus sollen Erfahrungen für die spätere Erweiterung der UNIMA um spezielle Hardware zur Unterstützung von LISP gewonnen werden.

Förderung:	BMFT-gefördert im Rahmen des STARLET-Projektes (Projektnr. IT 036 A), bis Ende 1985 (Zuendeführung als grundfinanziertes GMD-Projekt)
Leitung:	Angela Sodan, GMD FIRST, Tel.: (030) 25480937
Mitarbeiter:	D. Esswein: Compiler
	R. Rasche: I/O-System und garbage collector
	W. Diestelkamp: Speicherverwaltung
Rechner:	1 STARLET-Rechner
	1 UNIMA (mit MC 68020-Erweiterung)
KI-Gebiete:	Expertensysteme, Deduktionssysteme, Natürlichsprachliche Systeme

2.4 Firmen

ADV/ORGA
F.A. Meyer AG
Kurt-Schumacher-Str. 241
2940 Wilhelmshaven
Tel.: (04421) 802342

B. Forschung

Projekt: Verbundvorhaben WEREX
Koordiniertes System von Werkzeugen für die Konstruktion
und den Betrieb von Expertensystemen

Das Projekt hat zum Ziel, die notwendigen Grundlagen zu schaffen für eine breitangelegte Entwicklung und Nutzung von wissensbasierten Systemen in der BRD. Diese Grundlagen bestehen einerseits in Basiswerkzeugen, d.h. geeigneten höheren Programmiersprachen und Programmierumgebungen, und andererseits in höheren Werkzeugen, d.h. Wissensrepräsentationsformalismen und Wissensverarbeitungsmechanismen, die auf den Basiswerkzeugen aufbauen. Dazu ist aber auch notwendig, daß während der Realisierung insbesondere der höheren Werkzeuge diese in Anwendung erprobt und evaluiert werden.

Die Ergebnisse des Projektes werden zum einen Softwaresysteme sein:

– ein portables, maschinenunabhängiges Basiswerkzeug ausgehend von CommonLISP für UNIX-Rechner (UNCLE),

– ein Prototyp eines höheren Werkzeuges WEREX,

– eine auf UNCLE basierende Portierung des höheren Werkzeuges,

– Portierung des höheren Werkzeuges auf andere Basiswerkzeuge und ausgewählte Anwendungen des höheren Werkzeuges.

Zum anderen Erfahrungen in der Entwicklung und im Einsatz von:

– Werkzeugen für wissensbasierte Systeme und

– Anwendungen mit Hilfe der Werkzeuge.

Förderung: BMFT
              01.08.1985 bis 31.07.1989
Partner: GMD, St. Augustin
              PCS, München
              Siemens, München
              Danet, Darmstadt
              Universität Erlangen
              Universität München, Transplantationszentrum
Leitung: Dipl.-Math. Edzard de Buhr, ADV/ORGA F.A. Meyer AG
Mitarbeiter: Dipl.-Math. V. Friedrich
Rechner: IBM PC AT
KI-Gebiete: Expertensysteme

AEG Informationstechnik

Bücklestr. 1 - 5

7750 Konstanz

Tel.: (07531) 86 0

B. Forschung

Projekt: Dokumentanalyse

Im Rahmen der Büroautomatisierung wird ein interaktives Arbeits-
platzsystem zur (halb)automatischen Analyse von Dokumenten entwickelt.
Die Dokumente liegen in Papierform vor und können aus einer Kombination
von Text, Bildern und Graphiken bestehen. Der Inhalt eines Dokumentes
soll soweit erschlossen werden, daß er abfragbar und manipulierbar wird.
Die Erkennungsaufgaben reichen von der Bildanalyse bis zur inhaltlichen
Interpretation und basieren auf bereichsspezifischem Wissen, auf dem
Wissen über spezielle Dokumentenklassen, sowie auf Wissen über die
Sprache (z.B. Morphologie, Graphematik).

Die Ergebnisse der interdisziplinären Forschung (Nachrichtentechnik,
Informatik, Linguistik, KI) fließen über ein Baukastensystem in die
Produktion einer Palette von Lesern ein.

Förderung: BMFT-Verbundprojekt
             1985 bis 1988
Partner: AEG Forschungsinstitut Ulm
             Computer Gesellschaft Konstanz
             Philips Forschungslabor
             Siemens AG Zentralbereich Forschung und Entwicklung
             Unteraufträge: RWTH Aachen
Leitung: U. Miletzki, AEG K2E51, Tel.: (07531) 86 2493

Rechner: VAX
              SUN
              Bildverarbeitungssysteme
KI-Gebiete: Bildanalyse und Bildverstehen, Natürlichsprachliche Systeme,
              Wissensrepräsentation, Deduktion, Heuristische Suche

Projekt: Integration von sprachverstehenden Technologien

Das Projekt hat die Aufgabe, die gesprochene Sprache – als natürlichste
Kommunikationsform – in die Mensch-Maschine-Schnittstelle zu integrieren. Es sollten anhand von prototypischen Terminalanwendungen die
Vorteile von Spracheingabe und Sprachausgabe (mit Sprachverstehen)
herausgearbeitet werden. Die Prototypen werden die Anwendungsbereiche
Büroautomation, Produktionsumgebungen und öffentliche Auskunfts-
systeme abdecken.

In den Systemen werden aus möglichst natürlich gesprochenen Sätzen
mit Mustererkennungsalgorithmen zunächst Wertbausteine herausgefiltert,
die zu Worthypothesen zusammengesetzt werden.

Zur Verifikation der Hypothesen und zur Interpretation der Sprache muß
Wissen über die Pragmatik, Semantik, Syntax der Anwendung eingesetzt
werden. Ebenfalls gebraucht werden lexikalisches Wissen, Prosodie-Regeln
und linguistisches Wissen. Die Lösung dieser Problematik kann nur durch
Einsatz von wissensbasierten Techniken geschehen.

Die Arbeiten werden im Vorfeld der eigentlichen Produktenentwicklung
durchgeführt. Es kann also ein fließender Übergang von der universitären
Forschung zur industriellen Entwicklung erfolgen.

Förderung: Europäisches ESPRIT II Projekt
              Ende 1987 bis Ende 1992
Partner: AEG Informationstechnik, Deutschland
              und andere europäische Partner
Leitung: Dr. J. Irion, AEG Informationstechnik, Konstanz,
              Tel.: (07531) 86 2447

Rechner: VAX

              SUN

              Sprachverarbeitungssysteme

KI-Gebiete: Mustererkennung, Sprachanalyse, Sprachverstehen, Wissens-
              basen, Natürlichsprachliche Systeme, Expertensysteme,
              Dialogsysteme, Linguistische Modelle

AEG Forschungsinstitut Ulm

Sedanstr. 10

7900 Ulm

Tel.: (0731) 392 0

B. Forschung

Projekt: Multisensorielles System zur Deutung industrieller Szenen

Mehrstufige intersensorielle Bildverarbeitung

Die Bildverarbeitungsaufgaben der industriellen Praxis stellen in weiten Bereichen noch unerfüllte Herausforderungen an die Methoden der Bildanalyse und Bildinterpretation. Das Vorhaben entwickelt Verfahren zur Interpretation komplexer Szenen aus Bildern, gewonnen in mehreren Ansichten – 3D Vision – oder in Bildfolgen. In allen Schritten der Verarbeitung ist modellgestütztes, wissensbasiertes Vorgehen erforderlich. Die Komplexität der Interpretationsaufgabe macht intelligente Suchstrategien unerläßlich.

Die Methodenentwicklung stützt sich stark auf exemplarische Aufgaben. Arbeitsergebnisse der Forschung fließen ständig in die Entwicklungsarbeit ein.

Förderung: BMFT-Verbundprojekt

01.01.1985 bis 31.12.1988

Partner: FhG IITB

AEG Anlagentechnik

Kontron Bildanalyse

Philips Forschungslabor

Siemens AG Zentralbereich Forschung und Entwicklung

Signum Computer

Carl Zeiss

Unteraufträge: Uni Stuttgart, Uni Münster, TU München,

FhG IPA

Leitung: Prof. J. Schürmann, AEG FI
                 Ulm,Tel.: (0731) 392 4150
                Dr. R. Ott, AEG FI, Ulm
                Tel.: (0731) 392 3315
Rechner: VAX
                Symbolics
                SUN
                Bildverarbeitungssysteme
KI-Gebiete: Mustererkennung, Bildanalyse und Bildverstehen, Wissens-
                repräsentation und -verarbeitung, Heuristische Suche,
                Unscharfes Schließen

Projekt: Dokumentanalyse
Das Vorhaben arbeitet daran, eine Brücke zu schlagen zwischen der
klassischen Welt der Informationsdarstellung auf Papier und den modernen
Medien der elektronischen Informationsdarstellung – und zwar unter den
Bedingungen des interaktiven Arbeitsplatzsystems. Ausgangspunkte sind
das durch geeignete Scanner bereitgestellte Rasterbild und die Koordinaten-
folgen des graphischen Tabletts. Ziel ist es, den Inhalt des Dokuments zu
erschließen – abfragbar und editierbar zu machen. Die Erkennungsaufgaben
reichen von der geometrischen Bildanalyse bis zur inhaltlichen Interpretation
und erfordern zu ihrer Lösung den Einsatz wissensbasierter Techniken.

   Die Arbeiten erfolgen im Vorfeld der Produktentwicklung. Es findet ein
kontinuierlicher Übergang von Arbeitsergebnissen aus der Forschung in die
Entwicklungsarbeit statt.

Förderung: BMFT-Verbundprojekt
                01.01.1985 bis 31.12.1988
Partner: AEG Informationstechnik
                Computer Gesellschaft Konstanz
                Philips Forschungslabor
                Siemens AG Zentralbereich Forschung und Entwicklung
                Unteraufträge: RWTH Aachen

Leitung: Prof. J. Schürmann, AEG FI, Ulm
              Tel.: (0731) 392 4150
Rechner: VAX
              SUN
              Symbolics
              Bildverarbeitungssysteme
KI-Gebiete: Mustererkennung, Bildanalyse und Bildverstehen, Wissens-
              repäsentation und -verarbeitung, Heuristische Suche,
              Unscharfes Schließen

DIGITAL EQUIPMENT GmbH

Schulungszentren,

Ausbildungsbereich Künstliche Intelligenz

Ingolstädter Str. 61R

8000 München 45

Tel: (089) 318902-30

A. Lehre

In regelmäßigem Turnus angebotene Vorlesungen:

Programmiersprachen der KI	5 Tage, vierteljährlich
KI Wissenserhebung und	
Ergebnisstrukturierung	5 Tage, halbjährlich
Projektmanagement	5 Tage, halbjährlich
Knowledge Engineering	5 Tage, vierteljährlich
Entwicklung von Expertensystemen	5 Tage, vierteljährlich
KI-Workshops	5 Tage, halbjährlich

Seminare:

KI Überblick und Orientierung	1 Tag, 2 - 3 mal pro Halbjahr
Methoden und Anwendungen der KI	2 Tage, 2 - 3 mal pro Halbjahr
Expertensysteme: Idee und Implementierung	2 Tage, 2 - 3 mal pro Halbjahr
Software Engineering d. 5. Generation	2 Tage, 2 - 3 mal pro Halbjahr

Sonstige Ausbildungsangebote:

Studienarbeiten (Diplom,...)

Dozenten:

Wilfried Rüdel	KI-Projektmanagement
Peter Brittain, M.Sc.	KI-Sprachen
Dr. Uwe Domogalla	KI-Projektmanagement
Dipl. Inf. Walter Klar	Knowledge Engineering

DORNIER GmbH

Abt.: WF

Postfach 1420

7990 Friedrichshafen 1

Tel.: (07545) 81

B. Forschung

Projekt: TODOS – Automatic Tools for Designing Office Information
               Systems

Ziel des Projektes TODOS ist die Entwicklung einer Entwicklungsumgebung für Büro-Informationssysteme.

Für die Entwurfsphase von Informationssystemen

– Anforderungsanalyse

– Logischer Entwurf

– Architektonischer Entwurf

werden Software-Tools entwickelt, die in der Knowledgebase eines zu
entwickelnden Rapid-Prototyping-Tools integriert werden.

Das Rapid-Prototyping-Tool unterstützt damit sowohl den Entwickler in
der bisher nur partiell DV-unterstützten Entwurfsphase, als auch über ein
User-Interface die Kommunikation mit dem Nutzer, um zu einer im Sinne
der Requirements korrekten Spezifikation zu kommen. Das Ergebnis des
Rapid Prototyping ist somit je nach Zielumgebung

– eine formale Spezifikation des Zielsystems

– die null-te Version des evolutionär zu entwickelnden Zielsystems.

Förderung: EG/ESPRIT Projektnummer 813

               01.01.1986 bis 31.12.1988

Partner: Politecnico di Milano

               Fa. SEMA METRA, Paris

               Fa. Ocè Venlo

               Fa. ITALTEL, Mailand

Fa. Thomson Informatique Services, Paris

Leitung: Dipl.-Ing. Wulf Vogel, DORNIER GmbH, Abt.: WF,
                Friedrichshafen, Tel.: (07545) 8 3098

Mitarbeiter: Dipl.-Ing./Dipl.-Inform. M. Becker (Knowledge-Engineering/
                -Akquisition)
                Dipl.-Inform. P. Weis (Knowledge-Engineering/
                 -Akquisition)
                Dipl.-Päd. M. Habon (adaptives Lernen)

Rechner: 1 LISP Maschine XEROX 1108
                2 LISP Maschinen Texas Instruments EXPLORER
                Software-Entwicklungsumgebungen: LOOPS, KEE

KI-Gebiete: Expertensysteme, Heuristische Suchverfahren, Wissens-
                repräsentation, Probabilistische Logiken

ECRC
European Computer Industry Research Centre GmbH
Arabellastraße 17
8000 München 81
Tel.: (089) 92699-0

B. Forschung

Projekt: Logic Programming and Problem Solving Techniques
The use of mathematical logic and its extensions, for programming and for
Problem Solving Methods. Creation of methodologies and tools.
Compilation, Constraints Programming, Expert System Kernels, Qualitative
Reasoning, Explanation Techniques.

Partner: Bull
                ICL
                Siemens
Leitung: Dr. Hervé Gallaire, ECRC, München, Tel. (089) 92699-100
Mitarbeiter: R. Bhasin, D. Chan,
                D. H. de Villneuve, Dr. M. Dincbas,
                M. Ducassé, P. Dufresne,
                I. Elliot, R. Enders,
                A. Huxor, M. Meier,
                B. Poterie, J. Schiff,
                H. Simonis, P. Vanhentenryck
Rechner: Bull SPS9
                Symbolics
                DEC Vax
                Bull SPS7
                Siemens 5815
                ICL Perqs
                SUN

KI-Gebiete: Deduktionssysteme, Logisches Programmieren, Heuristisches
             Suchverfahren

Projekt: Intelligent Management Systems for Knowledge and Data-
             bases

Building systems capable of modelling complex worlds and reasoning with
them, by bridging the gap between classical databases and deductive
systems.

Partner: Bull
             ICL
             Siemens
Leitung: Dr. Jean-Marie Nicolas, ECRC,München,
             Tel.: (089) 92699-110
Mitarbeiter: Dr. J. Bocca, Dr. F. Bry,
             Dr. H. Decker, Dr. M. de Rougemont,
             M. Freeston, Dr. R. Manthey,
             P. Pearson, A. Tomasic,
             L. Vieille, Dr. M. Wallace
Rechner: Bull SPS9
             Symbolics
             DEC Vax
             Bull SPS7
             Siemens 5815
             ICL Perqs
             SUN
KI-Gebiete: Expertensysteme, Deduktionssysteme, Logisches Pro-
             grammieren, Wissensrepräsentation, Nichtmonotone Logiken

Projekt: Man Machine Interaction

Find effective combinations of the strengths of man and machine and measure how well they allow the building of systems which provide and promote assistance to users of systems embedding complex knowledge about problem domains. User Interface Management techniques.

Partner: Bull

                ICL

                Siemens

Leitung: Mr. John Pratt, ECRC,München, Tel.: (089) 92699-121

Mitarbeiter: R. Berthier, U. Danzer-Kahan,

                A. Dwelly, M. Hermann,

                D.McKelvie, R. Melchert,

                W. von der Grün

Rechner: DEC Vax

                Siemens 5815

                ICL Perqs

                SUN

KI-Gebiete: Cognitive Science (Human factors studies), User Interface Management System

Projekt: Symbolic Computer Architecture

High performance parallel symbolic computers, where parallelism can come from language, computational model and execution model, fast sequential computers for logic programming.

Partner: Bull

                ICL

                Siemens

Leitung: Dr. Jean-Claude Syre, ECRC, München,

                Tel.: (089) 92699-127

Mitarbeiter: H. Benker, J. Ch. de Kergommeaux,

                Dr. Th. Jeffré, A. Pöhlmann,

                   M. Ratcliffe, Ph. Robert,

                   S. Schmitz, O. Thibault,

                   G. Watzlawik, Dr. H. Westphal,

                   J. Noyé

Rechner: Bull SPS9

                   DEC Vax

                   Apollo DN300

KI-Gebiete: Deduktionssysteme, Logisches Programmieren

GEI Systemtechnik
Otto-Hahn-Str. 34
8012 Ottobrunn
Tel.: (089) 6097044

B. Forschung

Projekt: WISDOM – Wissensbasierte Systeme zur Bürokommunikation: Dokumentenbearbeitung, Organisation, Mensch-
Computer-Kommunikation

Teilprojekt „KOKON" (Kontrakt-Konfigurierung) in WISDOM:
Es wird in drei typischen Entwicklungslinien ein wissensbasiertes System
zur Unterstützung der Konfigurierung von Verträgen entwickelt. Dabei geht
es um Verträge, wie sie in einer Notar-Kanzlei anfallen. Schwerpunkt der
Zusammenarbeit innerhalb WISDOM zu diesem Thema liegt bei
Kooperation mit der TU München.

Förderung: BMFT-Förderung, Geschäftszeichen 413-58399-ITW404D2
01.11.1984 bis 31.12.1988

Partner: TA Triumph-Adler, Nürnberg (ferderführend)
GMD, St. Augustin
FHG-IAO, Stuttgart
Universität Stuttgart, Projektgruppe INFORM
Technische Universität München, Forschungsgruppe KI

Leitung: Detlef L. Kowalewski, GEI Systemtechnik

Mitarbeiter: drei

Rechner: VAX 11/750, Symbolics 3640

KI-Gebiete: Expertensysteme, Cognitive Science, Deduktionssysteme,
Logisches Programmieren, Wissensrepräsentation, Planverfahren

Gesellschaft für Neue Berufe
Voltastr. 5
1000 Berlin 65
Tel.: (030) 460 040

A. Lehre

In regelmäßigem Turnus angebotene Vorlesungen:
    Methoden der KI   1 Jahr, vollzeit dreimal jährlich
    Knowledge Engineering
    Wissensakquisition: Erhebungsmethoden
    Software Engineering der 5. Generation
    Klassische Logik
    Prolog-Programmierung
    Programmmier-Workshop
    Projektmanagement
    Wissensrepräsentation
    Programmiermethoden der 5. Generation
    LISP-Programmierung
    Kommunikationstraining
    Wissensbasierte Tools
    TWAICE
    Tool-Workshop
    Präsentationstechniken
    Personaltraining
    Elekronische Informationsdienste
    Koppelung von Datenbank- und Expertensystemen
    Expertensysteme im Büro
    Expertensysteme in der Fabrik
    Expertensysteme in der Medizin
    Maschinelles Lernen
    Sprachverstehende Systeme

Mustererkennung, Bildverarbeitung
Robotik
Automatisches Beweisen
Lernende Maschinen - Ein Problem der KI
KI und ihre gesellschaftliche Bedeutung
Grenzen der KI

Dozenten:

Prof. Dr. G. Barth	KI
Prof. Dr.-Ing. G. Hommel	KI
Prof. Dr. Justen	KI
Prof. Dr. E. Konrad	KI
Prof. Dr. W. Volpert	KI
Dipl.-Inform. M. Bayer	KI
Dipl.-Betriebsw. C. Blumenthal	KI
Dipl.-Soz. H. Damskis	KI
Dipl.-Wirtsch. K. Gazdar	KI
M.A. rer. pol. R. Heidger	KI
Dr.-Ing. H.-W. Hein	KI
Dipl.-Psych. E. Hellge	KI
Dipl.-Soz. M. Kühn	KI
Dipl.-Inform. A. Kelemis	KI
Dipl.-Ing. G. Mensel	KI
Dipl.-Ing. U. Nölke	KI
Dipl.-Psych. H.-J. Reuter	KI
Dipl.-Wirtsch. U. Sander	KI
Dr. S. Savory	KI
Dipl.-Math. W. Schöning	KI
Dipl.-Inform. H.-M. Stahl	KI
Dr. I. Stamatescu	KI
Dipl.-Volkswirt J. Stender	KI
Dipl.-Soz. F. Spade	KI
Dipl.-Ing., Dipl.-Math. L. Vrachliotis	KI

IABG

Einsteinstr. 20

8012 Ottobrunn

A. Lehre

Sonstige Ausbildungsangebote:

　Praktikum "Robotertechnik"

　Diplomarbeiten in Zusammenhang mit Herrn Prof. Dr. Haberäcker,
　FHS München

Bemerkungen:

　Betreuer: Rolf Thiemann, Tel: (089) 60083356

　Wolfgang Plum, Tel: (089) 60082657

B. Forschung

Projekt:　　Repräsentation von Wissen zum sichtgesteuerten Einsatz von
　　　　　　 industriellen Handhabungsmaschinen

Entwicklung spezieller Datenstrukturen für semantische Netze

Partner:　　　Prof. Dr. Haberäcker, FHS München

Leitung:　　　W. Plum, IABG, Tel.: (089) 6008 2657

　　　　　　　R. Thiemann, IABG, Tel.: (089) 6008 3356

Mitarbeiter:　Ch. Dorsch

　　　　　　　A. Behacker

Rechner:　　　VAX 11/780

　　　　　　　μ-Vax II

　　　　　　　BV-System VTE, Mitsubishi "Move Master"

KI-Gebiete:　Expertensysteme, Computersehen, Wissensrepräsentation,
　　　　　　　Logisches Programmieren, Wissensrepräsentation, Robotik
　　　　　　　Programmsynthese, Lernen

IBM Deutschland GmbH
Abt. 3504 LILOG
Postfach 80 08 80
7000 Stuttgart 80

B. Forschung

Projekt: Linguistische und Logische Methoden – LILOG
Im Rahmen des Projektes LILOG soll ein wissensbasiertes System für die
deutsche Sprache entwickelt werden. Dieses System wird bestehen aus:
– einem Parser für ein Fragment der deutschen Sprache,
– einem Konstruktor, der den Analyseergebnissen des Parsers semantische
Repräsentationen zuweist und
– einer wissensverarbeitenden Komponente.
Forschungsschwerpunkte bilden hierbei die syntaktische und semantische
Analyse linguistischer Konstrukte zur Beschreibung von Raum- und
Zeitaspekten sowie die Analyse und Interpretation von Satzkonnektoren.
Weiterer Untersuchungsgegenstand wird die Interaktion zwischen Syntax,
Semantik und Pragmatik einerseits und zwischen Lexikon und Wissens-
basis andererseits sein.

Eine Theorie der Wissensrepräsentation zur Erfassung von Weltwissen
soll auf der Basis mathematischer und philosophischer Logiken entwickelt
werden. Hierbei wird die formale Behandlung von zeitlichem und räum-
lichem Wissen neben der formalen Erfassung von kausalen und kontra-
stiven Beziehungen zwischen Sachverhalten im Vordergrund stehen. Zur
Unterstützung eines Wissenserwerbs in natürlicher Sprache sollen Inferenz-
mechanismen und -strategien entwickelt werden, die die Manipulation von
Wissen in dynamischen Wissensbasen realistischer Größe erlauben.

Förderung: Eigenfinanzierung, Definitionsphase: bis 31.12.1986,
                     Projektphase: Jan. 1987 bis Dez. 1990

Leitung:	Dr. O. Herzog, IBM Deutschland GmbH, Abt. 3504 LILOG, Tel.: (07031) 17 6010
Mitarbeiter:	Dr. C.R. Rollinger (NL-Systeme, Repräsentation)
	Dr. P. Schmitt (Logik, von Wissen, Lernen, Logische Programmierung)
	P. Steffens (Referentialität, Lexikon)
	Dr. R. Studer (DB-Systeme, Verarbeitung von Wissen)
	B. Wesche (Syntaxtheorie, Parsing)
	Gastwissenschaftler
Rechner:	4 x 4331
	1 x 3081
	PC AT's
KI-Gebiete:	Natürlichsprachliche Systeme, Logisches Programmieren, Lernen, Wissensrepräsentation, Heuristische Suchverfahren, Nichtmonotone Logiken, Probabilistische Logiken

IBM Deutschland GmbH
Wissenschaftliches Zentrum Heidelbeerg
Tiergartenstr. 15
6900 Heidelberg
Tel.: (06221) 404 0

B. Forschung

Projekt: Linguistik- und Logik-basiertes Juristisches Expertensystem
Ziel des Projektes ist der Entwurf und die Erstellung eines Prototyps eines
allgemeinen Systems zum Erwerb und zur Abfrage von Wissen und seine
Anwendung auf den den Straßenverkehr betreffenden Teil des deutschen
Strafrechts.

Das anwendungsunabhängige Basissytem soll in der Lage sein,
Eingaben in Deutsch weitgehend selbständig zu analysieren. Bei den
Eingaben kann es sich sowohl um neues Wissen über den Anwendungsbereich als auch um Abfragen handeln. Dazu müssen in Ansätzen schon
existierende Verfahren der Textanalyse erweitert, geeignete interne
Repräsentationsformen entworfen und hierfür Deduktionsverfahren
entwickelt werden. Die Arbeiten im Bereich Textanalyse basieren auf dem
User Speciality Languages System, einem natürlichsprachlichen Datenbankabfragesystem des Wissenschaftlichen Zentrums, und auf der Diskursrepräsentationstheorie. Für Deduktion wird der Tableau-Kalkül implementiert.

Mit der juristischen Anwendung wollen wir die allgemeine Anwendbarkeit des Basissystems testen. Das System soll in der Lage sein, Juristen
bei der Behandlung komplexerer Fälle mit Strukturierungshilfsmitteln und
durch Zugriff zu einer umfangreichen Wissensbank zu unterstützen. Weiter
soll es bei der Ausbildung von Juristen zur Einübung juristischen
Problemlösungsverhaltens eingesetzt werden.

Es sollen zwei Prototypen entwickelt werden, wovon der erste 1986
fertiggestellt werden soll.

Partner: Universität Tübingen
               – Forschungsstelle für Natürlichsprachliche Systeme,
               Prof. Dr. F. Guenthner
               – Institut für Strafrecht, Strafprozeßrecht, Rechtsphilosophie
               und Rechtsinformatik, Prof. Dr. F. Haft
Leitung: Hein Lehmann, IBM Wiss. Zentrum Heidelberg,
               Tel.: (06221) 404 251
Mitarbeiter: B. Alschwee
               B. Barnett
               H. Lehmann
               W. Schönfeld
               M. Zoeppritz
Rechner: IBM 3083
KI-Gebiete: Expertensysteme, Deduktionssysteme, Natürlichsprachliche
               Systeme, Logisches Programmieren, Wissensrepräsentation

Innovationsgesellschaft für fortgeschrittene Produktions-systeme in der Fahrzeugindustrie mbH
Nürnberger Str. 68/69
1000 Berlin 30
Tel.: (030) 2190 0920

B. Forschung

Projekt: Entwicklung von Expertensystemen und Expertensystem-werkzeugen für Diagnose- und Planungsaufgaben in der Fahrzeugproduktion

Entwicklung von Werkzeugen und Anwendersoftware für Expertensysteme in der Automobilproduktion. Darunter:
– Systeme zur Diagnose komplexer Baugruppen, Maschinen und Prozesse
– Systeme zur Planung und Spezifizierung von Fertigungsabläufen
– Systeme zur Planung und Spezifizierung von Fertigungsmitteln in der rechnergestützten Konstruktion

Förderung: Derzeit keine öffentliche Förderung

Partner: Bayrische Motoren Werke AG

Daimler Benz AG

Siemens AG

Volkswagen AG

Leitung: Dipl.-Ing. Tobias Premauer, Innovationsgesellschaft, Projekt Expertensysteme

Mitarbeiter: Dipl.-Inform. H.-L. Fischer

Dipl.-Inform. M. Fürnsinn

Dipl.-Inform. K. Hartmann

Dipl.-Inform. M. Khenkhar

Dipl.-Inform. B. Ruschkowski

Rechner: LISP-Maschine 3640 der Fa. Symbolics Inc.

Workstation WS 3/560 der Fa. Siemens
PC Business Pro der Fa. Texas Instruments
VAX 11/780 der Fa. Digital Equipment Corp.
KI-Gebiete: Expertensysteme, Logisches Programmieren, Wissens-
repräsentation, Heuristische Suchverfahren, Planverfahren,
Nichtmonotone Logiken, Probabilistische Logiken, Fuzzy,
Programmsynthese, Programmverifikation

PCS GmbH
Pfälzer-Wald-Str. 36
8000 München 90

B. Forschung

Projekt: WEREX
Im Rahmen des Projektes sollen Werkzeuge zur Entwicklung und Nutzung
von wissensbasierten Systemen entwickelt werden; desweiteren sollen
einige Werkzeuge an verschiedenen Anwendungen erprobt werden.

Förderung: BMFT
             Aug. 1985 bis Juni 1989
Partner: ADV ORGA F.A. Meyer AG, Wilhelmshaven
             DANET GmbH, Darmstadt
             Siemens AG, München
             GMD Bonn
             Uni. Konstanz
             Uni München
Leitung: Dr. Jan Witt, PCS GmbH, München, Tel.: (089) 68004272
Mitarbeiter: H.Schulze-Frenking
             J. Barr
             weitere PCS-Mitarbeiter
Rechner: Cadmus 9800
KI-Gebiete: Expertensysteme, Deduktionssysteme, Wissensrepräsentation

SCS Organisationsberatung und Informationstechnik GmbH
Fachgebiet Wissensbasierte Systeme
Öhleckerring 40
2000 Hamburg 62
Tel.: (040) 53103 466

B. Forschung

Projekt: WISBER – Wissensbasierte Beratungssysteme
Entwicklung eines wissensbasierten Beratungssystems für das Anwendungsgebiet Geldanlage mit
– einer Analysekomponente für geschriebene deutsche Sprache
– einer Komponente zur Generierung deutscher Ausgabetexte
– einem Modul zur Generierung kooperativer Systemreaktionen durch eine Inferenz- und Planungskomponente.

Förderung: BMFT
            1985 bis 1988
Partner: Nixdorf Computer AG
            Siemens AG
            Universität Hamburg
            Universität Saarbrücken
Leitung: Dr. M.-J. Schachter-Radig, SCS, Fachgebiet Wissensbasierte
            Systeme, Tel.: (040) 53103-466
Mitarbeiter: Dipl.-Inform. Rosemarie Busche
            Michael Fliegner, M.A.
            Dr. St. op de Hipt
            Dipl.-Inform. T. Siegfried
            Dr.-Ing. D. Wermser
Rechner: VAX 11/780, XEROX 1186
KI-Gebiete: Expertensysteme, Natürlichsprachliche Systeme, Wissens-
            repräsentation

Projekt: ESPRIT P1098 – A Methodology for the Development of
Knowledge Based Systems

– Erarbeitung von systematischen Methoden und Werkzeugen für die Entwicklung von Wissensbasierten Systemen

– Erarbeitung eines kohärenten Vorgehensmodells zur Entwicklung
wissensbasierter Systeme und Zerlegung des Entwicklungsprozesses
wissensbasierter Systeme in Phasen

– Festlegung der Dokumentationsformen für die Ergebnisse der einzelnen
Phasen

– Entwicklung rechnergestützte Werkzeuge für den Prozeß der Wissensakquisition und -Dokumentation (KADS = Knowledge Acquisition and
Documentation System)

– Darstellung der Zusammenhänge zwischen der angestrebten Funktionali-
tät, der Struktur des Domänenwissens und der zu implementierenden
Systemarchitektur wissensbasierter Systeme.

Förderung: CEC
             1985 bis 1988
Partner: STC Technology Ltd.
             Cap Sogeti Innovation S.A.
             Scicon Ltd.
             University of Amsterdam
             Polytechnic of the South Bank – KBS Centre
Leitung: Dr. M.-J. Schachter-Radig, SCS, Fachgebiet Wissensbasierte
             Systeme, Tel.: (040) 53103-466
Mitarbeiter: Dipl.-Inform. R. Nobis
             Dipl.-Inform. St. Becker
             Dipl.-Inform. Th. Siegfried
             Dr. Ing. D. Wemser
Rechner: VAX-AI-Station
             SUN III
KI-Gebiete: Expertensysteme, Cognitive Science, Wissensrepräsentation,
             Methologie der Entwicklung Wissensbasierter Systeme

Siemens AG
ZTI INF 31
Otto-Hahn-Ring 6
8000 München 83
Tel.: (089) 636 1

B. Forschung

Projekt: Wissensrepräsentation und Schlußfolgerungsverfahren für
             physikalisch-technische Systeme als einheitliche Grundlage
             technischer Expertensystems (TEX-B)
Es werden Methoden für die Repräsentation von und das Schlußfolgern
über Struktur und Funktion technischer Systeme entwickelt (qualitatives
Schließen, kausales Schließen, nicht-monotones Schließen, zeitliches
Schließen). Aufgabengebiete: technische Diagnose, Design, (qualitative)
Simulation.

Förderung: BMFT-Verbundprojekt
             Aug. 1985 bis Juli 1989
Partner: Battelle-Institut
             Fraunhofer-Institut für Informations- und Datenverarbeitung
             Gesellschaft für Mathematik und Datenverarbeitung
             PCS
Leitung: Peter Struß, Siemens AG, ZTI INF 31, Tel.: (089) 636 2414
Mitarbeiter: V. Bandekar
             L. Schmid
             W. Zucker
Rechner: INTERLISP-D-Maschinen
KI-Gebiete: Expertensysteme, Wissensrepräsentation, Nichtmonotone
             Logiken

Siemens AG
Otto-Hahn-Ring
ZTI INF
8000 München 83
Tel.: (089) 636 1

B. Forschung

Projekt: Spracherkennung
Es ist das langfristige, technisch-wissenschaftliche Ziel des Verbundvorhabens, durch ein gemeinsames Vorgehen der maßgebenden Forschungs-
stellen den Wissensstand auf dem Gebiet der Spracherkennung, insbesondere der Erkennung von fließend gesprochener Sprache und der unabhängigen Erkennung, wesentlich zu verbessern und die Nutzung dieses Wissens
in der Bundesrepublik Deutschland zu erleichtern.

Technisch-wirtschaftliches Ziel ist der Aufbau und die Erprobung von
experimentellen Systemen, die in Form von Demonstrationsmodellen eine
solide Grundlage für die Entwicklung von Produkten für die unterschiedlichsten Anwendungen sein können.

Förderung: BMFT-Förderung
             01.07.1985 bis 30.06.1988
Partner: Siemens AG
             Philips
             AEG-Telefunken
             Unteraufträge: Uni Erlangen, Berlin, Regensburg
Leitung: Dr. Lang, Siemens AG, ZT ZTI INF 1, Tel.: (089) 636 3370
Mitarbeiter: ca. 25 Mitarbeiter (Verbund)
Rechner: VAX
KI-Gebiete: Natürlichsprachliche Systeme, Lernen, Fuzzy, Wissensre-
             präsentation, Heuristische Suchverfahren

Triumph-Adler AG
Abt. Innovative Systeme
Nürnbergerstr. 159-161
8510 Fürth
Tel.: (0911) 3226 306

B. Forschung

Projekt: MULTOS – Multimedia Office System
MULTOS is one of the ESPRIT Pilot Phase projects in the area of "Office
Automation". The main objective of the Multimedia Office System is to
handle efficient storage and retrieval of multimedia documents (i.e.
structured aggregation of text, image, graphics, attributes and audio data).

To support efficient content based retrieval facilities on a wide range of
documents, all documents are associated to their special type that is
predefined within a type hierarchy (classification process). A document type
mainly describes the common conceptual structure (i.e. semantics) of the
documents associated with.

The classification process uses these type specifications as a knowledge
base, together with text analysing techniques used in linguistics.

Förderung: ESPRIT, Projektnummer 28
             1985 bis 1989
Partner: Olivetti, Italien
             Philips, Niederlande
             Battelle, Deutschland
             Mnemonica, Griechenland
             Research Centre of Crete, Griechenland
             Consiglio Nazionale Delle Ricerche, Italien
             Triumph-Adler, Deutschland
Leitung: (Projektteil Triumph-Adler)
             Klaus Kreplin, Tel.: (0911) 3226306

Mitarbeiter: H. von Kleist-Retzow
              H. Rieder
              H. Eirund
Rechner: VAX 750
              M 32
              Symbolics 3600
KI-Gebiete: Expertensysteme, Natürlichsprachliche System Wissens-
              repäsentation

Projekt: ACORD – Construction and Interrogation of Knowledge
              Bases using Natural Language Text and Graphics

ACORD focuses on the use of natural language and graphics as complementary means of communication with computer systems.

Natural language texts and pictorial expressions, such as diagrams, maps and graphs are the normal means of storing knowledge. ACORD will be a system for creating a knowledge base and for retrieval of knowledge. The system will enable people with no programming experience to ask questions about stored information. Questions may be asked in a natural language (English, French, German) and by pointing at pictures. It will also be possible to change stored information, including manipulation and modification by graphics.

The first practical field of application has been chosen as business texts concerning the commercial development of limited stock companies and graphics.

Förderung: ESPRIT PROJECT 393
             01.01.1985 bis 31.12.1989 (geplant)
Partner: TA Triumph Adler AG
             Laboratoires de Marcoussis
             Compagnie des Machines BULL
             University Edinburgh Computer Aided Architectural Design

University Edinburgh Institute for Cognitive Science
Fraunhofer Gesellschaft - IAO
Universität Stuttgart, Institut für Linguistik

Leitung: Dr. Ing. R. Lutze, Neue Technologien/Basisentwicklung,
                TA Triumph Adler AG, 8500 Nürnberg 80
                Tel: (0911) 3226365
Mitarbeiter: mehrere
Rechner: 1 Symbolics LISP Maschine
                VAX-Rechner
KI-Gebiete: Expertensysteme, Cognitive Science , Natürlichsprachliche
                Systeme, Wissensrepräsentation, Planverfahren, Nicht-
                monotone Logiken

Projekt: Wissensbasierte Systeme zur Bürokommunikation,
                Dokumentenbearbeitung, Organisation, MENSCH-
                COMPUTER-Kommunikation (WISDOM) Fkz: ITW 8404 4

Projektziel ist die Entwicklung eines prototypischen, wissenbasierten
Systems und der hierzu notwendigen Grundlagen im Bereich der
Wissensrepräsentation und Mensch-Computer-Kommunikation, das dem
Benutzer im Bürobereich eine entsprechend erweiterte Unterstützung
anbietet. Diese Unterstützung soll sich auf folgende Bereiche erstrecken:
– Bearbeitung multi-medialer Dokumente (Text, Daten, Bilder, Graphik,
Handschrift- und Sprachanmerkungen) durch den Einzelnen.
– Arbeitsteilige Vorgangsbearbeitung

Aufgaben aus dem Bereich der Dokumentenklassifizierung und Suche,
der Definition und Steuerung arbeitsteiliger Vorgänge sollen durch das
prototypische System übernommen werden, in welches entsprechendes
Bedienungswissen und organisationsbezogenes Wissen integriert wird.

Durch eine softwareergonomisch gestaltete Schnittstelle, unter Einbezug
von Benutzermodellen, soll das System insbesondere auch für Nicht-
spezialisten geeignet sein.

Förderung:	BMF / Ref. 413
	01.07.1984 bis 31.12.1988 (geplant)
Partner:	TA Triumph-Adler AG
	Gesellschaft für Mathematik und Datenverarbeitung
	Universität Stuttgart
	Fraunhofer-Institut für Arbeitswirtschaft u. Organisation
	Technische Universität München
	GEI Systemtechnik
Leitung:	Dr. Ing. H. Balzert, Neue Technologien/Basisentwicklung,
	TA Triumph-Adler AG, Tel.: (0911) 3226 300
Mitarbeiter:	mehrere
Rechner:	9 Symbolics LISP-Maschinen
	Arbeitsplatzrechner TA „System M 32"
	VAX Rechner
KI-Gebiete:	Expertensysteme, Cognitive Science, Wissensrepräsentation,
	Heuristische Suchverfahren, Planverfahren, Nichtmonotone
	Logiken

3. Forschung und Lehre in Österreich

Universität Linz
Institut f. Mathematik
Arbeitsgruppe CAMP
A-4040 Linz
Österrreich
Tel.: +43 732 232371 9219

A. Lehre

In regelmäßigem Turnus angebotene Vorlesungen

Überblickkurs CAMP	2, jedes 2. Semester
Die Technik des Beweises	1, jedes Semester
Einführung in die wiss. Arbeiten	1, jedes Semester
Algorithmentheorie I: Enwurf u. Analyse v. Algorithmen	2, jedes 3. Semester
Algorithmentheorie II: Grundbegriffe d. Theor. d. Berechenbarkeit	2, jedes 3. Semester
Algorithmentheorie III: Entscheid-barkeits- u. Komplexitätsklassen	2, jedes 3. Semester
Logik I: Syntax und Semantik der Prädikatenlogik	2+1, jedes 3. Semester
Logik II: Modelltheorie der Prädikatenlogik	2+1, jedes 3. Semester
Logik III: Grenzen der Algorithmisierbarkeit der Logik	2+1, jedes 3. Semester
Automat. Beweisen I: Das Resolutions-verfahren f. d. Prädikatenlogik	2, jedes 3. Semester
Automat. Beweisen II: Verfeinerte univ. Beweisverf. f. d. Prädikatenl.	2, jedes 3. Semester

Automat. Beweisen III: Beweis- verfahren f. spezielle Theorien	2, jedes 3. Semester
Semantik v. Progr.spr. I: Lambda- Kalkül und algorithm. Logik	2, jedes 3. Semester
Semantik v. Progr.spr. II: Univ. Algebra u. abstrakte Datentypen	2, jedes 3. Semester
Semantik v. Progr.spr. III: Semantikdefinit. f. Programmier- sprachen	2, jedes 3. Semester
Automatisches Programm. I: Computer-unterstütze Programm- verifikation	2, jedes 3. Semester
Automatisches Programm. II: Computer-unterstütze Programm- synthese	2, jedes 3. Semester
Computer-Algebra I: Algebraische Grundalgorithmen	2, jedes 3. Semester
Computer-Algebra II: Symbolische Algorithmen in der Analysis	2, jedes 3. Semester
Computer-Algebra III: Spezialgebiete der Computer-Algebra	2, jedes 3. Semester
Algorithm. Geometrie I: Diskrete algorithmische Geometrie	2, jedes 3. Semester
Algorithm. Geometrie II: Algorithmen i.d. kontinuierlichen Geometrie	2, jedes 3. Semester
Programmierspr. f. CAMP I: Logisches Programmieren (PROLOG)	2, jedes 3. Semester
Programmierspr. f. CAMP II: Funktionales Programmieren (LISP)	2, jedes 3. Semester
Programmierspr. f. CAMP III:	

Programmiermethoden f. Expertensysteme	2, jedes 3. Semester
Sofwaresyst. f. CAMP I: SW-Syst. f. Computer-Algebra u. alg. Geometrie	2, jedes 3. Semester
Sofwaresyst. f. CAMP II: SW-Syst. zum automatischen Beweisen	2, jedes 3. Semester
Sofwaresyst. f. CAMP III: SW-Syst. zum auto. Programmieren	2, jedes 3. Semester

Seminare:

    Literaturseminar CAMP (jedes Semester)

    Seminare und Privatissima zu Spezialthemen (jedes Semester)

    Diplomanden- und Dissertantenstunde (jedes Semester)

Sonstige Ausbildungsangebote:

    Programmierprojekt CAMP (jedes Semester)

    Vortragsreihe CAMP

    Mitarbeit an Forschungsprojekten

    Diplomarbeiten und Dissertationen

Scheine:

    Scheine für 2. Diplomprüfung Technische Mathematik und Informatik anerkannt. Scheine über 4 Wochenstunden Zulassungsvoraussetzung für 2. Diplomprüfung Technische Mathematik (Zweig EDV)

Integration in Hauptprüfung:

    CAMP (= Computer Aided Mathematical Problemsolving) ist ein Studienschwerpunkt im Rahmen der Studienrichtungen Technische Mathematik und Informatik.

Dozenten:

Prof. Dr. B. Buchberger	Symbolic Computation
Prof. Dr. H. Zassenhaus (Honorarprof.)	Algebra, Zahlentheorie, Geometrie
Prof. Dr. J. Chermak	Logik
Dr. M. Baaz	Logik, Beweistheorie

Dr. A. Leitsch	Rekursionstheorie
	Autom. Beweisen
Dr. F. Lichtenberger	Computer Algebra,
	Funkt. Programmieren
Dr. B. Roider	Logik, Computeranalysis
Dr. H. Rolletschek	Automatisches Programmieren
Dr. F. Winkler	Computer Algebra

B. Forschung

Projekt: Entwicklung eines Parallelrechners für Symbolisches Rechnen

Parallele Software für Symbolisches Rechnen

Computer-Algebra Algorithmen

Symbolisches Rechnen in Computer Aided Design und Robotics

Der Studien- (und Forschungs-) Schwerpunkt CAMP (= Computer Aided Mathematical Problemsolving) setzt es sich zum Ziel, Experten im Gebiet des computerunterstützten mathematischen Problemlösens auszubilden.

Die drei wesentlichen Themengruppen, die im Studienschwerpunkt CAMP umfaßt werden, sind

– Computer-Algebra und algorithmische Geometrie

– automatisches Beweisen

– automatisches Programmieren.

Der Studienschwerpunkt steht sowohl Mathematik- als auch Informatikstudenten (und zwar für Diplom-, Lehramts- und Doktoratsstudenten) offen. Das Ausbildungsziel ist für beide Gruppen dasselbe: Experten im Bereich CAMP müssen sowohl die mathematisch-formalen als auch die Computer-System-Kenntnisse in sich vereinigen, um in der weiteren Entwicklung von CAMP-Systemen Fortschritte erzielen zu können.

Förderung:	Nixdorf, Paderborn
	ab 1986
	Siemens AG, München
	ab Jan. 1985
	DEC
	Abteilung CAD/CAM der VOEST-ALPINE AG
	ab Jan. 1986
Leitung:	Prof. Dr. Buchberger, Uni Linz, Institut f. Mathematik
	Tel.: (+43) 732 232371 9219
Rechner:	L-Maschine (eigene Entwicklung, Parallelrechner)
	Siemens-LISP-Maschine
	Siemens PCD
	MicroVAX-II

Technische Universität Wien
Institut für Praktische Informatik
Resselgasse 3
1040 Wien
Österreich

B. Forschung

Projekt: Halbautomatische Programmverifikation
Es wurde ein System zur halbautomatischen Verifikation von
Pascal-Programmen implementiert. Dieses System verwendet die
modifizierte Rückwärtsmethode. Das heißt: der Benutzer gibt eine
Korrektheitsbedingung (die am Ende des Programmlaufs gelten muß) für
sein Programm vor, und das System bestimmt nun, von hinten nach vorne,
Schritt für Schritt die schwächste Voraussetzung (weakest precondition laut
Dijkstra) für jede Anweisung. Schließlich erhält man so die schwächste
Voraussetzung an die Daten. Zusätzlich hat der Benutzer die Möglichkeit,
zwischen den einzelnen Anweisungen Zusicherungen und spezielle Regeln
vorzugeben. Trifft das System mit einer ermittelten Zusicherung E auf eine
vorgegebene Zusicherung V, so überprüft es ob $V \Rightarrow E$ gilt. Wenn ja, wird
mit V weitergearbeitet, ansonsten wird der Beweis abgebrochen. Mit Hilfe
der Regeln kann der Benutzer dem System schwer zu zeigende
Implikationen, Wissen aus der Mathematik oder verkürzte Schreibweisen
(zusammengesetzte Aussagen) bekanntgeben. Dadurch kann der Korrekt-
heitsbeweis eines Programms noch klarer und verständlicher geführt
werden.

Leitung: Prof. Dr. W. Barth, TU Wien, Institut für Praktische
              Informatik
Mitarbeiter: Dipl.-Ing. N. Fuchs
Rechner: Anschluß an CYBER 170/720, Uni Rechenverbund Wien

Universität Wien

Institut für Medizinische Kybernetik und
Artificial Intelligence
Freyung 6
A-1010 Wien, Austria
Tel.: (0043/222) 663281-0

A. Lehre

In regelmäßigem Turnus angebotene Vorlesungen:

Artificial Intelligence:	
Eine Einführung	1
Wissensrepräsentation und Wissens-präsentationssprachen	2+1
Problemlösen, Suchen und Planen in der AI	2
Logik für AI	2
Automatisches Beweisen	2
Einführung in die Logistik 2	2
Unscharfe Inferenzen	1
Funktionale Programmierung und ihre Anwendung in der AI	2+1
PROLOG und logikorientierte Programmierung	2+1
Sprachverstehende Systeme am Computer	2+1
Bildverstehen	2
Pattern Recognition	2
Roboter	2+4

Automatisches Programmieren	1
Computeralgebra	2
Intelligente CAI und Tutorsysteme	1
Cognitive Science	1

Seminare:

   Formale Methoden der AI

   Seminar aus Neuroinformatik

   Seminar aus Artificial Intelligence

   Artificial Intelligence und ihre Anwendung in der Medizin

   Auswirkung der AI

   Pattern Recognition

Sonstige Ausbildungsangebote:

   Arbeitsgemeinschaft: Computer und Natürliche Sprache

   Praktikum aus Artificial Intelligence

Integration in Hauptprüfung:

   Mit Beginn des Studienjahres 1985/86 wurde das Wahlfach „Artificial Intelligence" im Studienplan Informatik, welches gemeinsam an der Technischen Universität Wien und der Universität Wien eingerichtet ist, aufgenommen sowie ein 10-stündiges Praktikum. Die anschließende Diplomarbeit wird danach meist auch dem AI-Bereich angehören.

Pflichtveranstaltungen:

   Artificial Intelligence: Eine Einführung

   Wissensrepräsentation und Wissensrepräsentationssprachen

   Problemlösen, Suchen und Planen in der AI

   Logik für AI oder Automatisches Beweisen

   Funktionale Programmierung und ihre Anwendung

Dozenten:

Adlassnig	Unscharfe Inferenzen
Buchberger	Funktionale Programmierung
Christian	Einführung in die Logistik 2
Dressler	Computer u. Natürl. Sprache
Fröschl	PROLOG u. logikorientierte Programmierung

Grossmann	Pattern Recognition
Horn	Expertensysteme
Kaindl	Problemlösen, Suchen und Planen in der AI
Kobsa	Cognitive Science
Leitsch	Automatisches Beweisen
Lichtenberger	Automatisches Programmieren
Neuwirth	Computeralgebra
Pinz	Bildverstehen
Retti	Wissensrepräs. und Wissensrepräsentationssprachen
Schimanovich	Formale Methoden der AI
Trappl	AI
Trost	Wissensrepräs. und Wissensrepräsentationssprachen
Weseslindtner	Roboter

B. Forschung

Projekt: VIE-LANG

Entwicklung eines kooperativen Dialogsystems für die deutsche Sprache.
Umweltwissen wird mit Hilfe eines Structural Inheritance Network
repräsentiert. Auf den Strukturen des Netzes operieren folgende Prozesse:
Ein semantik-gesteuerter Parser auf der Basis von Produktionsregeln, eine
Inferenzkomponente, die ein Dialogpartnermodell inkorporiert, und eine
Generierungskomponente, die Diskriminationsnetze und semantikgesteuerte
Verarbeitung mit syntaktischen und morphologischen Oberflächenprozessen
verbindet.

Förderung: 1. Projektphase (Juni 1980 bis Dezember 1982) gefördert vom
                    Fonds zur Förderung der wissenschaftlichen Forschung
Leitung: Prof. Dr. R. Trappl

Mitarbeiter: Dr. H. Trost

Dipl.-Ing. E. Buchberger

Dipl.-Ing. G. Dorffner (bis 1985)

Dr. H. Horacek (bis 1984)

Dr. Alfred Kobsa (bis 1984)

Dr. I. Steinacker (bis 1984)

KI-Gebiete: Sprachverstehende Systeme

Projekt: Automatischer Wissenserwerb im Rahmen eines sprachverstehenden Systems

Projektziel ist die Erstellung eines Systems zum automationsunterstützten Erwerb verschiedener Arten von Wissen für ein sprachverstehendes System. Besonderes Augenmerk wird darauf gelegt, die den jeweiligen unterschiedlichen Wissensquellen (Umweltwissen, lexikalisches Wissen, morphologisches Wissen, ...) angepaßten Methoden so zu integrieren, daß vom Benutzer kein spezifisch linguistisches Wissen vorausgesetzt werden muß. Das am Institut entwickelte System VIE-LANG (s.o.) dient dabei als Objekt- und Metasystem, zur Analyse von Benutzereingaben und Generierung von Meldungen an diesen.

Förderung: Fonds zur Förderung der wissenschaftlichen Forschung
(Proj.Nr. 5468) im Zeitraum Januar 1985 bis Dezember 1986

Leitung: Prof. Dr. R. Trappl

Mitarbeiter: Dr. H. Trost

Dipl.-Ing. E. Buchberger

Dipl.-Ing. G. Dorffner (bis 1985)

KI-Gebiete: Sprachverstehende Systeme, Automatischer Wissenserwerb,
Machine Learning

Projekt: Computerunterstützte Diagnose und Therapie in der primären
ärztlichen Versorgung (ESDAT)

Entwicklung des Systems ESDAT, das einen Prototyp eines Expertensystems für die ärztliche Allgemeinpraxis darstellt. Aufarbeitung des dazu notwendigen medizinischen Wissens und Repräsentation in einem Semantischen Netz. Berücksichtigung kontext- und fokusbildender Faktoren beim Konsulationsprozeß. Entwicklung eins „Deep Systems" durch Berücksichtigung von anatomischem Wissen und funktionellen Zusammenhängen.

Förderung: 1. Projektphase (Juli 1981 bis März 1983) gefördert vom Jubiläumsfonds der Österreichischen Nationalbank
Partner: Österreichische Studiengesellschaft für Kybernetik
Leitung: Dr. Werner Horn
Mitarbeiter: Dr. K. Ammer
                   Dr. W. Buchstaller
KI-Gebiete: Expertensysteme

Projekt: Universitätskurs Artificial Intelligence mit Medienkombination
Erarbeitung und Produktion einer sendereifen Videoserie mit 6 Folgen zu je 30 Minuten, die eine Einführung in die Grundlagen, wichtige Anwendungen und voraussichtliche Konsequenzen der KI geben soll. Parallel dazu wird ein Begleitbuch entwickelt. Folge 1 und 4 sind bereits fertiggestellt.

Förderung: Bundesministerium für Wissenschaft und Forschung von Dezember 1985 bis Dezember 1986
                   Jubiläumsfonds der Österreichischen Nationalbank von Juli 1984 bis Juni 1986
Leitung: Prof. Dr. R. Trappl
Mitarbeiter: Dipl.-Ing. E. Buchberger
                   Dr. H. Horacek
                   Dr. W. Horn
                   Dr. A. Kobsa
                   Mag. G. Semper
                   Dr. I. Steinacker
                   Dr. H. Trost

Österreichisches Forschungsinstitut für Artificial Intelligence (ÖFAI) der ÖSGK

Schottengasse 3

A-1010 Wien

Tel.: (0043/222) 636112

B. Forschung

Projekt: Dialog

Entwickelt wird ein natürlichsprachiges Datenbankinterface mit Deutsch als Interaktionssprache (DBI). Das DBI soll eine benutzerfreundliche Schnittstelle zu relationalen Datenbanken bilden. Der Ablauf einer Datenbankabfrage mit Hilfe des DBI ist wie folgt: Der Benutzer gibt seine Anfrage in deutscher Sprache über eine Terminaltastatur ein, und das DBI bildet diese Abfrage auf einen Suchausdruck in der Datenbank-Abfragesprache SQL ab. Das Datenbanksystem exekutiert den Suchausdruck und liefert dem Benutzer das Ergebnis seiner Anfrage. Das DBI stellt somit die Schnittstelle zwischen (einer Teilmenge) der deutsche Sprache und (einer Teilmenge) von SQL dar.

Förderung: Mikroelektronik-Förderungsprogramm der Österreichischen
              Bundesregierung

Partner: Software Managment, Wien

Leitung: Dr. Harald Trost

Mitarbeiter: Dipl.-Ing. E. Buchberger

              H. Felfer

              Mag. W. Heinz

              Dr. Werner Horn

              Dipl.-Ing. J. Matiasek

Rechner: 2 LispMaschinen Symbolics 3640, mehrere PCs

KI-Gebiete: Sprachverstehende Systeme

Projekt: Erweiterung der Anwendbarkeit von Konsultationssystemen
                  durch automatischen Wissenserwerb

Die Erprobung des Konsultationssystems ESDAT hat gezeigt, daß eine
breite Anwendbarkeit von Konsultationssystemen nur unter Zuhilfenahme
einer automatischen Wissenserwerbskomponente möglich ist. Ziel dieses
Forschungsvorhabens ist die Entwicklung eines Systems mit Hilfe von
Methoden der Artificial Intelligence, das Experten erlaubt, ihr Wissen direkt
in die Wissensbasis eines Konsultationssystems einzugeben. Dieses System
soll dann exemplarisch als Metasystem für das bestehende System ESDAT
angewendet werden, um nunmehr durch die direkte Eingabe des Wissens
von Ärzten die Anwendung in der Praxis zu ermöglichen. Das zu erstellende
System soll dem Experten die Möglichkeit bieten, selbständig neue
Strukturen zu definieren, bzw. strukturelle Änderungen durchzuführen,
wobei er gleichzeitig angeben kann, wie die neuen Strukturen zu
interpretieren sind. Globale Zielsetzung bildet die Anwendungs-
unabhängigkeit, die die Anwendbarkeit des Systems in anderen Bereichen
der Medizin, aber auch in anderen Disziplinen sichern soll.

Kontakt: Dr. Werner Horn
Förderung: Gefördert vom Jubiläumsfonds der Österrreichischen
               Nationalbank (1984 - 1985)
Partner: Institut für Medizinische Kybernetik und Artificial Intelligence
               der Universität Wien
Mitarbeiter: Doz. Dr. G. Chroust (Projektverantwortlicher)
               Dr. W. Horn (leitender Mitarbeiter)
               Dr. P. Tavolato (leitender Mitarbeiter)
KI-Gebiete: Expertensysteme, Knowledge Engineering

Projekt: Medizinisches Konsultationssystem für Diagnose und
               Therapie auf tragbarem Mikrocomputer

Entwicklung eines Konsultationssystems, das als Entscheidungsunter-
stützung bei medizinischen Fragen eingesetzt werden kann. Die Implemen-
tierbarkeit auf tragbaren Mikrocomputern steht dabei im Vordergrund.

Förderung: Bundesministerium für Wissenschaft und Forschung und
             Österreichischer Gewerkschaftsbund
             Dezember 1984 bis Mai 1986
Leitung: Prof. Dr. Robert Trappl
Mitarbeiter: Dr. Michael Hobersdorfer
             Christian Holzbaur
             Dr. Werner Horn
             Dipl.-Ing. Bernhard Pfahringer
             Dr. Gerold Porenta
             Dipl.-Ing. Gerhard Widmer
Rechner: 2 LISP-Maschinen Symbolics 3640, mehrere PCs
KI-Gebiete: Medizinische Expertensysteme

Projekt: Entwicklung von AI-Software auf LISP-Maschinen

Ziel des Projektes ist die Entwicklung von AI Tools. Als erstes Ergebnis
liegt bereits VIE-KET vor, ein Kowledge Engineering Tool, das als
hybrides System die Vorteile der frame-basierten Repräsentation mit denen
regel-basierter Systeme vereint. Im System kann wahlweise auf LISP und
auf PROLOG zugegriffen werden. Das System wurde nicht nur auf der
Symbolics 3640, sondern inzwischen auch auf PCs implementiert, wo es
unter MS-DOS läuft. Es gibt ein deutsches und ein englisches Manual dazu.

Förderung: Bundesministerium für Wissenschaft und Forschung von Juli
             1985 bis Februar 1988
Leitung: Dr. W. Horn
             Prof. Dr. R. Trappl
Mitarbeiter: Dipl.-Ing. H. Chalupsky
             C. Holzbaur
             Dipl.-Ing. B. Pfahringer
Rechner: 2 Lisp-Maschinen Symbolics 3640, mehrere PCs
KI-Gebiete: AI-Tools

Projekt: FLORIAN

Entwicklung einer objektorientierten Wissensrepräsentations- und Programmiersprache.

Förderung: COST-13 der Europäischen Gemeinschaft
Leitung: Prof. J.-P. Laurent, Uni de Savoie, Lab. d'Informatique Appliquée
             Tel.: (+33) 79 692718
Mitarbeiter: Ch. Holzbaur
             Dr. W. Horn
             Dipl.-Ing. B. Pfahringer
             Dr. H. Trost

Projekt: Machine Learning and Knowledge Acquisition

Im Rahmen dieses Projekts sollen die europäischen Bemühungen auf den Gebieten des automatischen Wissenserwerbs und des Machine Learning koordiniert und integriert werden. Besondere Betonung liegt auf den Aspekten Konzeptlernen und Regelerwerb. Von seiten Österreichs sollen insbesondere Beiträge zum automatischen Wissenserwerb in sprachverstehenden Systemen und in Expertensystemen geleistet werden, wobei verschiedene Tools, unter anderem ein intelligenter Editor für Wissensbasen, entwickelt werden.

Förderung: COST-13 der Europäischen Gemeinschaft
Partner: Institut für Medizinische Kybernetik und KI der Uni Wien
             LRI, Univ. Paris-Sud, Frankreich
             Dept. of AI, Univ. of Edinburgh, Schottland
             Projekt KIT, TU Berlin
             Jozef Stefan Institut, Ljubljana, Jugoslawien
             SYSLAB, Univ. Stockholm, Schweden
             Faculdade de Economia, Univ. Porto, Portugal
             Dept. de Engenharia Electrotecnica, Univ. Coimbra, Protugal

Dept. of Electrical Engineering and Electronics, Brunel Univ.,
England

AI Lab., Univ. Brüssel, Belgien

The Turing Inst., Glasgow, Schottland

Leitung: Prof. Dr. Y. Kodratoff, LRI, Universite Paris-Sud
Mitarbeiter: Dipl.-Ing. E. Buchberger

Dr. W. Horn

Dr. P. Tavolato

Dr. H. Trost

KI-Gebiete: Automatischer Wissenserwerb, Machine Learning

Projekt: AI Systeme und die Zukunft von Sprache, Wissen und
                 Verantwortung in Berufen

Die derzeitige Entwicklung von AI Systemen läßt erwarten, daß wichtige
Teile von dem, was derzeit als berufliche Kompetenz bezeichnet wird, von
diesen Systemen übernommen werden wird. In diesem Projekt sollen die
organisatorischen, ausbildungsmäßigen und rechtlichen Bedingungen
untersucht werden, unter denen Berufswissen und -kompetenz auch in der
Informationsgesellschaft bestehen können. Hierzu werden u.a. Fallstudien
in den Bereichen Krankenpflege, ärztliche Behandlung, Rechtsberatung,
Technik und öffentliche Verwaltung durchgeführt und von einem
interdisziplinären Team (Informatik, Geisteswissenschaften, Gesellschafts-
wissenschaften und Rechtswissenschaften) diskutiert.

Förderung: COST-13 der Europäischen Gemeinschaft
               ab Jan. 1986 bis Dez. 1987
Leitung: Prof. Dr. K. Nygaard, Institute of Informatics, Uni Oslo
Mitarbeiter: Prof. Dr. R. Trappl
               N.N.
KI-Gebiete: Auswirkungen der AI

Projekt: Zukunft und Auswirkungen der Artificial Intelligence
Im Projekt wird versucht, Antworten auf folgende Fragen zu finden:

Hinsichtlich der nächsten 10 Jahre:

– Welches werden die Hauptforschungsrichtungen der AI sein und welche Resultate sind zu erwarten?

– Welche Auswirkungen der AI auf andere Wissenschaften und auf die Technik sind zu erwarten?

– Welche sozialen Auswirkungen sind zu erwarten?

– Welche mikro- und makroökonomischen Auswirkungen sind zu erwarten?

– Welches könnten die längerfristigen Ergebnisse und Auswirkungen der AI sein?

– Welche Forschungsrichtungen erscheinen aufgrund der Antworten zu 1 und 2 am meisten förderungswürdig?

Ergebnisse aufgrund umfangreicher Literaturstudien und eines Task Force Meetings liegen bereits als Buch „Impacts of Artificial Intelligence", North-Holland, Amsterdam, 1986 vor. Einige der Detailstudien werden im Rahmen des Projektes B.7 durchgeführt werden. 1987 wird ein weiteres Task Force Meeting die inzwischen erarbeiteten Ergebnisse diskutieren.

Förderung: Bundesministerium für Wissenschaft und Forschung
              Sept. 1983 bis Februar 1985
              International Inst. for Applied Systems Analysis
              Juni 1983 bis Juni 985
              International Federation for Systems Research
              August 1986 bis Juli 1987
Partner: Institut für Medizinische Kybernetik und AI der Uni Wien
              Interantional Inst. for Applied Systems Analysis, Luxemburg
              International Federation for Systems Research, Luxemburg
Leitung: Prof. Dr. R. Trappl, Uni Wien
Mitarbeiter: Prof. M. A. Arbib
              Prof. M. A. Boden
              Prof. S. a. Cerri
              Dr. I. M. Havel
              Dr. W. Horn

Prof. M. Nagao

Dr. N. J. Nilsson

Prof. R. C. Schank

Dr. S. Slade

Dr. I. Steinacker

Prof. T. Vamos

KI-Gebiete: Zukunft der KI, Auswirkungen der KI

4. Anmerkungen und Verweise

[1]   Die „Dartmouth Conference" (1956) gilt als die Geburtsstunde der „Artificial Intelligence", wenn auch die eigentlichen Anfänge auf John von Neumann (USA) und Alan Turing (GB) zurückgehen. Pamela McCorduck, „Machines Who Think", Freeman and Co. (1979) gibt eine historische Übersicht.

[2]   Winograd, T.: „Understanding Natural Language", Edinburgh Univ. Press, 1970.

[3]   W. v. Hahn, W. Wahlster: „HAM-RPM, HAM-ANS", Forschungsstelle f. Künstliche Intelligenz, Univ. Hamburg.

[4]   Walker, D. E.: „Understanding Spoken Language", North Holland, 1978.

[5]   Buchanan, B. G., Feigenbaum, E. A.: „Dendral and Metadendral: Its application dimensions", J. Art. Intelligence 11, 1978.

[6]   Shortliffe, E. H.: „Computerbased Medical Consultations: MYCIN", North Holland Publ. Comp., 1976.

[7]   Puppe, F.: „Expertensysteme", Informatik-Spektrum, Band 9, Heft 1, 1986.

[8]   Kowalski, R.: „Logic for Problem Solving", North Holland, 1979.

[9]   Clocksin, W., Mellish, C.: „Programming in PROLOG", Springer, 1981.

[10]   de Bakker, J.: „Mathematical Theory of Program Correctness", Prentice Hall, 1980.

[11]   Veröffentlichungen über die „Markgraf Karl Refutation Procedure", Institut für Informatik I, Postfach 6380. 7500 Karlsruhe.

[12]   Hart, P. (et al): „Artificial Intelligence – Research and Applications",
Techn. Report, SRI, Menlo Park, Cal., 1972.

[13]   Ambler, P. (et al): „A versatile System for Computer-Controlled
Assembly", J. Art. Intelligence 6, 1975.

[14]   Marr, D.: „Vision", Freeman, W. H., 1982

[15]   Dodd, G. G., Rossol, L.: „Computer Vision and Sensor-Based
Robots", Plenum Press, 1979.

[16]   Aggarwal, J. K., Duda, R. O., Rozenfeld, A.: „Computer Methods
in Image Analysis", IEEE Press, 1977, New York.

[17]   Edward A. Feigenbaum, Pamela McCorduck, „Die Fünfte
Computer-Generation", Birkhäuser Verlag, Basel (1984)

[18]   Veenker, G. (ed): Künstliche Intelligenzforschung in der BRD,
Institut für Informatik, Bonn, 1975.
        Veenker, G. (ed): Proc. des zweiten Treffens der KI-Fachgruppe,
Dortmund, 1976.
        Bibel, W. (ed): Proc. des dritten Treffens der KI-Fachgruppe, Bad
Honnef, 1977.
        Raulefs, P. (ed): Proc. of the 4th Workshop on Artificial
Intelligence, Bad Honnef, 1979.

[19]   Rollinger, Cl.-R., Horn, W.: Proc. der GWAI-86 und der 2.
Österreichischen Artificial Intelligence Tagung, Springer, Informatik-
Fachberichte 124, 1986.

[20]   Wilhelm, R.: Proc. der 10. GI-Jahrestagung, Springer, Informatik-
Fachberichte 33, 1980.

[21]   Proc. der 12. GI-Jahrestagung, Springer, Informatik-Fachberichte 57, 1982.

[22]   Hansen, H. R.: Proc. der 15. GI-/OCG/ÖGI-Jahrestagung, Springer, Informatik-Fachberichte 108, 1985.

[23]   Hommel, G., Schindler, S.: Proc. der 16. GI-Jahrestagung, Bd. I und II, Springer, Informatik-Fachberichte 126 und 127, 1986.

FRAGEBOGEN

Institution, Adresse

A. Lehre

In regelmäßigem Turnus angebotene Vorlesungen:
    Titel   Stundenzahl, Turnus

Unregelmäßig angebotene Vorlesungen:
    Titel   Stundenzahl

Seminare:

Sonstige Ausbildungsangebote:

Scheine:

Integration in Hauptprüfung:

Dozenten:

Titel, Name   Gebiet

B. Forschung

Projekt:

Förderung:

Partner: Projektpartner

Leitung: Projektleiter mit Adresse und Telefon

Mitarbeiter:

Rechner:

KI-Gebiete: